Wolfgang Hasenpusch

AF219423

Liebe, Weisheit, Mäßigung

2000 Aphorismen in Tripel-Versen

Liebe, Weisheit, Mäßigung

In der Bibel galt: „Glaube, Liebe, Hoffnung – aber die Liebe ist die größte unter ihnen!" Vielleicht lässt sich Weisheit als ein Zusammenspiel von Glauben, Wissen, Erfahrung und Hoffnung zusammenfassen und noch Mäßigung und Bescheidenheit hinzufügen.

Die Bibel schenkt uns viele Lebensweisheiten, ebenso wie die vielen Philosophen von den Griechen, Römern, aus den mittelalterlichen Klöstern über die Zeiten der Aufklärung, Moderne und Postmoderne bis in unsere Tage.

Der adelige französische Jurist Michel de Montaigne (1533-1592) zog sich bereits mit 38 Jahren 1571 von allen Ämtern zurück, um in seinem Schlossturm mit einer ansehnlichen Privat-Bibliothek nach den Weisheiten großer Denker Ausschau zu halten. Seine „Aphorismen" machten ihn bis in unsere heutige Zeit bekannt und viel zitiert.

Als ein viel gereister Geschäftsmann und Philosoph darf sich auch der finanziell gut ausgestattete Arthur Schopenhauer nennen, der 1788 in Danzig geboren wurde und dessen Leben in Frankfurt am Main, immer in Begleitung seines Pudels „Atman" (= Lebenshauch), nach langenzeitigen Atembeschwerden und Lungenentzündung im Jahre 1660 endete. 1851 veröffentlichte er die Aphorismen zur Lebensweisheit „Parerga und Paralipomena" (griech.: Beiwerke und Nachträge) in zwei Bänden, wie z. B.: „Ein gesunder Bettler ist wahrlich glücklicher als ein kranker König". Sie machten ihn noch zu Lebzeiten für große Kreise bekannt, obwohl er ansonsten zurückgezogen lebte, fern ab von der akademischen Philosophie des 19. Jahrhunderts, die der wirkmächtige Berliner Philosoph Georg Wilhelm Friedrich Hegel (1770-1831) prägte.

Die Aphorismen - Gedanken, Urteile, Lebensweisheiten - formulieren rhetorisch kunstreich eine besondere Einsicht als allgemeinen Sinnspruch, als Maxime oder Bonmot (Anspielung, Wortspiel, Paradoxon, Doppelsinniges).

Viele Bonmots sind in Sigmund Freuds (1856-1939) „Der Witz und seine Beziehung zum Unbewussten" enthalten, in der er 1905 die Funktionsweise und Bedeutung des Witzes untersuchte. Beispielsweise, in gekürzter Form: „Humor hat etwas Befreiendes, das intellektuelle Tätigkeit nicht bietet!"

Dem britischen Staatsmann Sir Winston Churchill (1874-1965) wird der Aphorismus nachgesagt:„Ich glaube nur den Statistiken, die ich selbst gefälscht habe."

Für seine Weisheits-Sprüche ist auch der 1930 in Nebraska (USA) geborene Milliardär Warren Edward Buffett bekannt. Einer von ihnen lautet tiefsinnig: „Erst wenn die Ebbe kommt, sieht man, wer nackt schwimmt!"

Zwar besagt ein deutsches Sprichwort: „Nicht alles, was in Reimen gesagt wird, ist Poesie!" Aber in gereimter Form lässt sich Vieles leichter behalten. So floss dem deutschen Schriftsteller Christian Morgenstern (1871-1914) folgender, leicht abgeänderter Reim aus der Feder:

„Bist du des Nachts nervös geworden,
schlaf´ ab heute in Richtung Norden!
Denn arg wirst du dein Herz ermüden,
liegst du gen Osten, Westen, Süden".

Für den Königsberger Philosoph Immanuel Kant (1724-1804), dem Gedichte von aller Kunst am nächten standen, galt die reimlose Prosa als „toll geworden".

So habe auch ich mich an Reime gemacht, jeweils drei an der Zahl zu jedem Sinnspruch. Sie decken ein weites Feld an persönlichen Erfahrungen ab. Vorteilhaft bleibt dabei die Komprimiertheit, in der Gedanken zu verdichten, zu symbolisieren und zu charakterisieren sind.

Ich wünsche mir, dass sie Freude finden und zu neuen Erkenntnissen kommen.

Wolfgang Hasenpusch   Hanau, 2021

INHALT

I. LIEBE

Liebe mit Leidenschaft,
in wahrer Treue dauerhaft:
das schenkt doppelt Kraft!

*

Wo die Liebe weilt
und sich das Los teilt,
kommt das Glück geeilt.

*

Liebe ist eine gewaltige Macht!
Hat manch´ Großfeuer entfacht
oder um den Verstand gebracht.

*

Liebe, Weisheit sowie die Mäßigung
leiten dich ins Glück mit einem Sprung,
zu jeder Zeit, in jeglicher Umgebung!

*

Liebe den Menschen an sich,

verehre Ihn so tief wie du dich!

Wir können das tatsächlich!

*

Ich soll meine ärgsten Feinde lieben!?

Wo ist denn da der Verstand geblieben?

Ich meine, das ist wirklich übertrieben!

*

Glaube, Hoffnung, Liebe

seien der Menschen Triebe.

Wo nur das Wissen bliebe?

*

Ich liebe die Sonne, ich liebe das Meer;

ich liebe Schokolade und Torten so sehr;

aber dich, meine Liebste, liebe ich noch viel mehr!

*

Das Mädchen, auf das meine Liebe fiel,

war die Schönste in der Großstadt Kiel:

Sie zeigte sich elegant und hatte Stil.

*

Auch zwischen Sokrates und Xanthippe bestand Liebe.

Nur flachte sie in den Zeiten von unseligem Geschiebe

derart ab, dass gar nur noch Zank und Streit verbliebe.

*

Einst liebte ich eine junge rassige Afrikanerin.

Sie brachte mich um Erspartes und den Sinn,

weshalb ich jetzt schon lange Zeit alleine bin.

*

Trage ich eine Nelke im Knopfloch,

ist es wieder ein schöner Mittwoch.

Da trafen wir uns, das weißt du doch!?

*

Liebe ist, Komplimente zu machen,

Liebe ist, miteinander zu lachen,

Liebe ist, Frohsinn zu entfachen.

*

Wer Liebe betriebswirtschaftlich sieht,

ist nie in einem Herzensrausch erblüht,

weil er sich nur bei Gegenliebe bemüht.

*

„Ich liebe dich wie mein eigenes Augenlicht!"
säuselte der Blinde vor der, die sein Herz bricht
Ein toller Liebesschwur ist das ja gerade nicht!

*

„Liebste, vor Sehnsucht schmelze ich dahin,
weil ich unsterblich in dich verschossen bin.
Nur mit dir hat mein Leben überhaupt noch Sinn."

*

„Liebste ich liebe dich mehr als dein Vermögen,
aber ich bin bei Weitem nicht derart verwegen,
mich ausschließlich auf dich selbst festzulegen."

*

Der Arzt Albert Schweitzer liebte alle Kreaturen,
von den größten bis zu den kleinsten Naturen.
Noch heute schätzt man in Afrika seine Spuuren.

*

Der Liebende sieht im Partner das ICH:
Kein Zufall, sie sehen sich sehr ähnlich,
und gleiche Leidenschaften einen ewiglich.

*

Die Liebe von Hundebesitzern ist drollig:

Liebt er Möpse, ist er vermutlich mollig,

wie seine Partnerin, auf keinen Fall knollig.

*

Erika und Hans machen Urlaub in der Heide.

Sie sind ganz sicher, sie lieben sich beide,

jedoch der Eltern beider sehr zum Leide.

*

Liebe sieht das Wohl der Menschen im Ganzen,

will sich nicht hinter Kompromissen verschanzen,

nicht einer Ballerina gleich im Vordergrund tanzen.

*

Die Liebe ist wie ein abrupter Donnerschlag!

Wo sie plötzlich einschlägt, erhellt sie den Tag,

auch wenn man´s später kaum glauben mag.

*

Lässt die Liebe allmählich nach,

entzündet sich so mancher Krach.

Das ist dann weiterer Impulse Sach´!

*

Sieben Jahre hält eine Liebe im Mittel,

dann wird sichtbar, wer ist der Büttel:

Folgt die Trennung oder ein Gerüttel?!

*

„Was Gott zusammenfügt, soll der Mensch nicht scheiden!"

Scheiden sich Paare, konnte Gott das Fügen vermeiden?

Wer bestraft das einstige Liebespaar mit ihrem Leiden?

*

Liebe heißt, sich gegenseitig zu verstehen,

geduldig aufeinander zuzugehen,

aber auch zu seinen Schwächen zu stehen.

*

Wer leidenschaftlich liebt,

ist einer, der sein Herz vergibt,

ohne dass es ihn betrübt.

*

Ist Liebe nur der Austausch von chemischen Stoffen?

Das darf doch nicht sein, werden viele sehnlich hoffen:

Sind denn da nicht noch viel mehr Faktoren betroffen?

*

„Liebe geht doch durch den Magen!"
hört man die dicke Mamsell sagen,
was manche zu bezweifeln wagen.

*

Von muskulösen Männern mit „Sixpack"
sind die meisten Frauen hin und weg,
bevorzugen aber einen aus dem Kolleg.

*

Frauen mit Lust und Feuer
lieben Tanz und Abenteuer,
treffen aber oft auf Ungeheuer!

*

Eine Frau ohne Schand´ und Tadel
Ist wie eine Dame von hohem Adel!
Aber wo finde ich so ein Madel?

*

Verwegene Menschen finden schnell eine Partnerschaft,
denn sie nehmen den Anderen mit List in Geiselhaft,
was leidvolle Tage, aber oft nicht lange Dauer schafft.

*

Da sagt eine Frau mit Bier und Bretzel

bei einen Kriegsfilm mit wildem Gemetzel:

"Männer bleiben mir immer ein Rätsel!"

*

Existenzialisten definierten, was Liebe heißt:

Dass du Zuneigung um deiner selbst weißt,

dir aber keiner die persönliche Freiheit entreißt.

*

Kommen Schulden ins Haus,

sieht das Leben grausam aus,

fliegt die Liebe aus dem Fenster raus.

*

Bekommst du rote Rosen von einer reifen Frau,

dann gehe sinnend in dich: Du weißt jetzt genau,

vergessen sollst du Zurückhaltung und Gefühlsstau!

*

Ein Paar küsst sich unter Weiden,

bis sich die liebenden Beiden

schließlich eiligst entkleiden.

*

Wenn die Leidenschaft glühend entflammt,

ist´s als würde dir ein Pfahl ins Herz gerammt,

der direkt von den Engeln im Himmel stammt.

*

Schreibe mir doch wieder einmal einen Brief,

ist Deine Zuneigung zu mir auch nicht so tief.

Auch ist es lange Zeit her, da man mal anrief!

*

Hast du dich schon einmal gefragt,

was am meisten an den Nerven nagt?

Es ist Liebeskummer, der sehr plagt!

*

Gib der Liebe ein wenig Raum,

denn sie belastet dich kaum,

aber macht das Leben zum Traum.

*

Fliegen Schmetterlinge durch den Bauch,

ist es eines der Liebenden alter Brauch,

sich zu küssen unter einem Mistel-Strauch.

*

Auch im hohen Alter aller Senioren-Klassen
darf man sich mutig an sein Herz fassen,
um Liebes-Schwüre nicht zu unterlassen.

*

Um das größte Glück zu erlangen,
sollte man mit der Liebe anfangen,
um Anderes nicht mehr zu bangen.

*

Stunden der Liebe sind die wertvollste Zeit,
voller Wonne und tiefer Glückseligkeit.
Oft sieht das erst der Blick in die Vergangenheit.

*

Sich des Lebens Meister zu nennen,
heißt, die Kunst der wahren Liebe zu kennen,
nicht nur eigenen Wünschen nachzurennen.

*

Bist du in der „ars amoris" promoviert,
hast du bisher weitgehend theoretisiert
und weniger deine Liebe ausprobiert.

*

„Mit diesen Flachbildschirm-Rennern
komme ich entschieden besser klar
als mit meinen zahlreichen Männern,
denn sie sind auf mich einstellbar!"

Mein lieber guter, alter Freund,

ich kenn dich nur sehr gebräunt,

als einen, der durch´s Leben streunt.

*

Wer hobbymäßig auf diversen Dating-Portalen tourt,

muss sich nicht wundern, wenn nichts mehr spurt,

denn jedes Übermaß ist der Abstumpfung Geburt.

*

Sucht man wie ein Loddel die Huren,

seine Partner in Dating-Agenturen,

ist´s kein Wunder, dass sie nicht spuren!

*

Sind denn polyamoröse Beziehungen,

bei denen jeder divers zur Seite gesprungen,

wirklich jemals nachhaltig gelungen?!

*

Selbstlose Liebe ist das einzige Lebensprinzip

mit dem größtmöglichen Energie-Antrieb,

so es in den Herzen der Menschen verblieb`.

*

Wahre Liebe entsteht nur unter freiem Willen
und lässt sich mit großem Potential stillen.
Egoismus kann sie aber auch regelrecht killen!

*

Was der wahren Liebe entgegensteht
und an ihr schändlichen Verrat begeht,
ist alles, was sich um das Böse dreht.

*

Alles, was ehrenwert, befreiend und rein,
erfreuend und schön, wie der Sonnenschein,
kann allein vom Prinzip her nur Liebe sein!

*

Wirst du in einer rauschenden Ballnacht
Schier um deinen Verstand gebracht,
Obacht! – Viele sind zu spät aufgewacht.

*

Trifft einen Menschen Amors Donnerschlag,
weil er einen Anderen trifft, den er sehr mag,
sei es ab diesem Zeitpunkt sein Glückstag.

*

Ich liebe meinen Wellensittich,
aber liebt der Vogel auch mich?
Das ist leider nicht ersichtlich.

*

Ich liebe Schokolade und Tretboot-Fahren,
schaue neidisch nach den Liebespaaren,
lebe aber auch allein in glücklichen Jahren.

*

Wird der Mensch vom Philosophen geliebt,
der ihm sehr geistreich zu verstehen gibt,
dass es ihn nur als Verstandswesen gibt?

*

Ich liebe meine norddeutsche Heimat
und verteidige sie für unseren Staat
verbal, in Schriften oder als Soldat.

*

Liebe alle Menschen wie dich,
denn sie alle sind wunderlich,
verdienen keinen Seitenstich!

*

Wer ein kleines Kuscheltier liebt,

das so viele Gefühle zurückgibt,

hat im Leben nichts versiebt!

*

Mit Fleiß findest du die besten Arbeitsplätze,

mit Gemeinheiten die Grenzen der Gesetze,

mit Liebe aber der Welten schönste Schätze!

*

Wird dir eine romantische Liebe erwidert,

schwirren um dich Tauben, weiß gefiedert,

und wirre Gefühle, völlig ungegliedert.

*

Sexuelle Liebe ist wie ein Sonnenstrahl,

von „ekstatisch aufregend" bis „banal",

in des grauen Alltag-Lebens Jammertal.

*

Ich liebe meine Siam-Katze und meiner Schäferhund,

bin mit meinen drei Kanarienvögeln in engem Bund.

Damit bin ich schon zufrieden und glücklich – na und?!

*

Ich liebe die Sophie, die Elsbeth und die Gundula,

Frauen zwischen intellektuellem Gehabe und Tralala!

Ach ja – die verrückte Serafina ist ja auch noch da!

*

Man kann oft mit Fug und Recht sagen:

„Je älter ein Mann an Jahren und Tagen,

desto eher geht Liebe durch den Magen."

*

Die schönsten Frauen für Kenner

waren einstmals stramme Männer,

vom Börsenmakler bis zum Senner.

*

Ich liebe den Frühling und seinen frischen Duft,

ich liebe die satten Wiesen und die warme Luft,

ich liebe das Wandern in leichter Outdoor-Kluft.

*

Deine Liebe ist wie eine große Karaffe

mit viel zu viel duftenden Bohnenkaffee,

die ich nicht auszutrinken schaffe.

*

Die Liebe zum Lehrer ist zum Lernen der erste Schritt,

denn er muss Leitern bauen mit sicherem, festen Tritt.

So werden die Lernbegeisterten fürs ganze Leben fit.

*

„Was ist denn schon die Liebe,

ohne Klaps und ein paar Hiebe!?"

sagte Casanova in seinem Triebe.

*

Wahre Liebe ist, was Zweien gefällt,

auch wenn man´s nicht mit Normalem hält,

und nicht gar zu Abnormes anstellt.

*

Liebe kennt kein Alter, kein Gebot:

Mit Harmonie bleibt alles im Lot,

in allen Farben! - Nicht nur in Rot!

*

Ich liebe das Feiern, das Reisen, den Sport.

Mein Liebestrieb ist als Strohfeuer bald fort.

Über ewige Bindung verliere ich kein Wort.

*

Lass´ mich dir von meiner Liebe zu dir erzählen:

„Ich könnte keine Passendere zu mir wählen,

denn jede Minute, die du fehlst, wird mich quälen."

*

Bist du nicht willig, bedarf es der sanften Gewalt,

so ist das in einer harmonischen Ehe halt!

Das merkst du nach der Hochzeit schon bald!

*

Liebe, die ein ganzes langes Leben hält,

ist schon etwas Schönes auf der Welt,

zumal wenn sich noch Treue dazugesellt.

*

Sieht sich auch der Seemann in den Häfen an Frauen satt,

weiß er doch, was er an der Ehefrau im Heimathafen hat,

braucht nichts anderes mehr, als an seiner Liebsten statt!

*

II. WEISHEIT

Grüble, träume, denke, philosophiere,

verstehe die Welt, das Walten und kapiere,

mit Achtung erhebt sich der Mensch über Tiere.

*

Mache deine Gedanken gediegen:

Mit Leichtigkeit, als würden sie fliegen,

so wie es Vogelschwärme hinkriegen!

*

Befindest du dich des Nachts auf einsamen Gassen,

solltest du dich nicht von der Angst lähmen lassen,

Passanten weit umgehen und sich ein Herz fassen!

*

Der Denkende ist sich seiner sehr gewiss,

erkannte René Descartes mit geistigem Biss.

Aber ist sich Nicht-Denkende ein Hindernis?

*

Nicht alle Gedanken, die uns erscheinen,

stehen auf festen, eisernen Beinen.

Mitunter haben sie sehr lange Leinen.

*

Lang gehegte Wünsche gehen oft in Erfüllung,

denn zu ihrer letztendlichen Stillung

bist du selbst die Wurzel der Bewilligung.

*

Auch die längste Reise hat ein Ende;

schön, wenn sie ein gutes fände.

Dann falten wir zufrieden unsere Hände.

*

Bist du dir deines Lebens voll bewusst,

oder hättest du gerne auf Änderung Lust?

Viele Änderungen hätte man nicht gemusst!

*

Der Wind bringt uns den Duft des Meeres,

aus der Gischt der Wellen lauter Hehres,

die wir einatmen, wie etwas Leeres.

*

Wem Gott will rechte Gunst erweisen,

den lässt er durch die weite Welt reisen,

zu anderen Sprach- und Kulturkreisen.

*

Während Schopenhauer die Welt als Elend kritisiert,

weil sie der Wille als unpersönliche Kraft dominiert,

hat sie der Philosoph Hegel recht positiv anvisiert.

*

Alles was wir im so Leben machen

für ein vollends zufriedenes Lachen,

erreichen wir mit nur wenigen Sachen!

*

Sokrates, Platon und Aristoteles, das Genie,

legten die Basis der heutigen Philosophie.

Aber besonders glücklich wurden sie dabei nie.

*

Aus den Tiefen neuer Klarheit

erhebt sich langsam die Wahrheit,

die schon lange nach Recht schreit!

*

Ist der Mensch frei von jeglichen Sorgen,

schaut er mit Glücksgefühl ins Morgen

und muss es nicht von anderen borgen.

*

Wo die Gefahr schwebt, wächst das Helfende auch!

Schnell müssen wir entscheiden, aus Kopf oder Bauch,

und kreativ sein, jenseits von Gewohnheit und Brauch!

*

Was kümmert es die großen Eichen,

welch´ Wildsäue sich an ihr streichen,

die ihnen nicht das Wasser reichen.

*

Schon immer war die Freiheit aller Wesen

von der Freiheit Anderer begrenzt gewesen.

Nur sind manche Grenzen ein Unwesen!

*

Halte dein Leben fest in der Hand!

Es ist eines stolzen Menschen Pfand

und duldet keinen törichten Einwand.

*

Wer raubt dir dein Genie,

stört deine Harmonie?

Nur ein verwirrter Zombie!

*

Bist du überaus belesen,

schon überall gewesen

oder von Neugier genesen?

*

Hast du zu tun mit einem Amt,

wundere dich nicht, wenn es lahmt:

Der Staat bettet nicht auf Samt!

*

Die Sonne scheint gleich für alle Menschwesen,

doch die einen kehren im Schatten mit dem Besen,

und die anderen liegen im Sonnenstuhl und lesen.

*

Uns Menschen umgibt eine feste Mauer:

Wir sehen die Welt um so genauer,

je flacher machte sie einst der Erbauer.

*

Phänomene, die man in der Welt erkennt,

sind Nährboden und Sinn-Fundament,

für alle Wissenschaften – permanent!

*

Entscheidend für unser Glück

ist das subjektive „Gerück" –

im Ganzen sowie im Stück.

*

Täuschen unsere Sinne, bleibt nur der Verstand,

denn die Irrtümer der Sinne liegen auf der Hand.

Beim Nachdenken werden Dinge seltener verkannt.

*

Ist die Schöpfung der Welt denn wirklich verfehlt,

mit arglistigem Menschen, von Egoismen beseelt,

von Apps besessen, der permanent skypt und mailt?

*

In der Einsamkeit verspürst du Freiheit:

Du bist Herr im deinem eigenen Geleit,

alle Bevormundung so unendlich weit!

*

Philosophen widmen ihr Leben dem Reflektieren,

wozu sie alles Mögliche betrachten und studieren.

Ihr Resultat ist dann abwägendes Philosophieren.

*

Mit der Kunst lässt sich vieles vergessen,

musiziert oder zeichnet man versessen.

Aber die Erde dreht sich dennoch unterdessen.

*

„Diese Welt ist die beste aller möglichen Welten!"

So wie es Leibniz einst sah, hört man heute selten:

Die meisten Menschen grämen sich und schelten.

*

Schopenhauer bekundete seine Weltsicht unverhohlen:

Menschen sind grausam, erbärmlich und verstohlen.

Bei den vielen Unruhen ist in dieser Welt nicht viel zu holen!

*

Denker haben weise Aphorismen niedergeschrieben,

doch oft sind sie lange Zeit im Verborgenen geblieben.

Dabei wurden sie von klugen Philosophen aufgetrieben.

*

Menschen halten sich sozial in gewissem Zaum;

Alleine machten sie es als Egozentriker kaum!

Der Mensch als „Soziales Wesen": ein Traum!

*

Edel seist du mit allem Mut,

hilfreich und stets auf der Hut!

Das tut auch deiner Seele gut.

*

Hast du dein Leben nur ausgesessen,

zu lieben und zu feiern vergessen,

kannst du das Dasein nicht ermessen!

*

Viele Menschen streben nach Veränderung und Wandel,

weil sie unzufrieden sind mit dem gegenwärtigen Handel.

Aber neue Wege bringen Hoffnung wie auch „Verschandel".

*

Sei wie ein alter Philosoph so weise,

rühme dich deiner Taten nur leise

und meide falsche Personenkreise.

*

Lachen ist die allerbeste Arznei,
denn es schickt den Kummer vorbei,
als ob er nur ein Wölkchen sei.

*

Ist Einigen die Weltsicht verborgen,
schauen andere weit und sorgen
sich um ihr Weiterleben von morgen.

*

Steige nicht zu hoch, dass du den Anschluss verlierst
und du zu spät deine Einsamkeit verspürst:
Auf halber Höhe bleibst du deines Glückes Fürst!

*

Gleitest du leicht und tanzend durch dein Leben –
Obacht! – Der Boden ist nicht immer eben!
Und an manchem Tanzpartner kannst du dich verheben!

*

Bist du auf einem Gebiet ein armer Laie
und man versagt dir professionelle Weihe,
beginne dein Werk frohgemut aufs Neue!

*

Stets suchte ich, mein Glück zu finden,
dabei galt so Manches zu überwinden,
doch wollte ich nie die Tugend schinden.

*

Wir leben zunächst ohne Zweck und Bestimmung,
bemühen uns dann um Wissen und Erfahrung
zum Erreichen von Lebenssinn sowie Erfüllung.

*

Menschen leben eigenverantwortlich mit drei Bürden,
ohne die sie manch´ Ereignisse besser ertragen würden:
Angst, Verlassenheit, Verzweiflung seien diese Hürden!

*

„Das Menschsein auf der Welt ist völlig absurd!"
Albert Camus fand es sinnlos seit der Geburt,
da das Dasein mit dem Tod zusammenschnurrt.

*

Menschen streben unter einem zweifelhaften Los,
vergleichbar mit dem Schicksal des Sisyphos.
Das beschreibt die Absurdität des Lebens famos.

*

Kannst du dein Hausboot in jedem Hafen vertäuen,

werden dich kalte Winter weniger stark erfreuen.

Aber wie du aussiehst, wirst du kein Risiko scheuen.

*

Lebe ich ungebunden und frei,

sind mir Zukunftssorgen einerlei,

was fürs Alter bedauerlich sei.

*

Arthur Schopenhauer, in Danzig geboren, in Frankfurt gestorben

Hatte in der Philosophie den Willen und Pessimismus beworben.

Aus ihm ist ein einsamer verbitterter Mensch mit Pudel geworden.

*

Glück gehört denen, ohne zu lügen,

die sich stets selber genügen,

ohne Bedarf für äußere Vergnügen.

*

Freiheit verliert durch das Schweigen,

wozu die meisten Menschen neigen,

denn Gleichgültigkeit ist ihnen zu eigen.

*

Raffe dich auf, deinen Verstand zu gebrauchen,

statt dauernd irgendwelche Kräuter zu rauchen,

und immer tiefer in dein Elend abzutauchen!

*

Ein glückliches Los auf Erden

ist das Eins-mit-sich-werden,

ohne Auto mit vielen Pferden.

*

Der Gebildete ist sich auch in der Einöde genug.

Gerade da ist er fern von dem allgemeinen Trug,

lebt glücklich in seinem reichen inneren Bezug.

*

Gutes sollte man verschwenderisch unternehmen,

sich besonders für die Schwächeren bequemen

und sich keineswegs in seiner Freizügigkeit lähmen.

*

Stärke Leib und Gemüt,

vor dir liegt ein großes Gebiet,

dem durch dich wohltat geschieht!

*

Wahrheit beschreibt das Unabwendbare,

das tiefgründige, herzergreifende Wahre!

Drum verschwende mit Lug keine Jahre!

*

Menschen, die sich über andere erhöhen,

werden bald selbst ihr Ende sehen

und mit Schrecken untergehen!

*

Unaufhaltsam tickt die Uhr,

bis zum Batterie-Wechsel on tour,

von Erschöpfung keine Spur.

*

Den weiten Blick der Erkenntnis-Theorie

Gewahrt dir das Studium der Philosophie

mit Fragen Wer, Was, Wo, Wann und Wie.

*

Manchem ist der Blick in die Ferne verwehrt,

Anderen läuft im Leben alles total verkehrt:

Vielleicht weil er sich selbst alles erschwert.

*

Am Ende bleibt jeder allein,

muss zufrieden mit dem sein,

was er tat, mit Hirn und Gebein.

*

Den größten Fehler, den Menschen gestalten,

begehen diejenigen, die alles für sinnlos halten,

denn wir stehen in der Pflicht, uns zu entfalten!

*

Glück ist, spontan sinnvolle Verse zu schreiben,

um damit geistig rege und kreativ zu bleiben,

um sich auch ein wenig Anerkennung einzuverleiben.

*

Kein Mensch ist schuldig, zu leben:

Für jeden muss es ein Dasein geben,

ohne an Angst und Würdelosigkeit zu kleben.

*

Die permanente Angst zu versagen

muss keiner schwer mit sich tragen!

Kaum einer wird es besser wagen!

*

Hölderlin, Hegel und auch Schelling

Diskutierten im Stift der Uni Tübing´,

wobei es primär um Aufklärung ging.

*

Nichts ist trauriger als ein sich lächerlich machender Mann,

der nur aus der vollsten Verzweiflung so handeln kann,

in Hilflosigkeit, Alleingelassenheit, gedemütigtem Bann.

*

Hundert Narren führen nicht zur gescheiten Tat,

die Fundiertes und Wohlüberlegtes in sich hat:

Es bleibt unbrauchbarer, narrenhafter Unrat.

*

Was von Philosophen als „Entitäten" benannt,

sind als einzigartige Wesenszüge bekannt,

von konkretem oder abstraktem Gegenstand.

*

Eine „Monade" ist das Einfache, das Unteilbare.

Unendlich viele Monaden bilden das Wahre,

das sich dem Kenner in ihrer Aktivität offenbare.

*

Die von G. W. Leibniz begründete „Monadologie"
beschreibt die Lehre von Elementen der Phantasie
mit der zur Problem-Lösung dienenden Philosophie.

*

Wer Menschen wirklich liebt,
gerne auch Vertrauen gibt,
selbst wenn man´s versiebt.

*

Profis erwachsen aus Amateuren,
wenn sie auf ihre Meister hören
und nicht durch Ehrgeiz stören.

*

Wer Bäume sich entfalten sieht,
wie eine Pflanze wieder blüht,
schaut demutsvoll, wie´s geschieht.

*

Um unverstandenen Übeln die Unheimlichkeit zu nehmen,
wollen sich gebildete Menschen zu Metaphern bequemen,
doch Ängstliche fühlen die Schuld und müssen sich schämen.

*

Vieles scheint unmöglich zu sein,

Chancen?: klingen unendlich klein.

Und dann - haut der Erfolg jäh rein!

*

Jede Zeit braucht seine speziellen Leute:

Die Bewahrenden, Umsichtigen heute

und morgen von den Kreativen Erneute.

*

Sorge vor für deine kritische Lebenssituationen:

Vollmachen und Verfügungen können sich lohnen!

Das müssen Sozialämter immer wieder betonen.

*

Lebenskunst in den entscheidenden Bereichen

heißt nicht, kritischen Situationen auszuweichen.

Es kann Alltagsglück sogar dick unterstreichen!

*

Knabberst du lange an einem Problem,

mache es dir mit einem Cognac bequem,

von dem aber nicht die ganze Flasche nehm!

*

Muss oder darf ich ein Leben lang lernen?

Wie weit soll ich mich dafür vom Alltag entfernen?

Dabei steht der Erfolg noch in den Sternen.

*

Weisheit ist eine schöne, prominente Sache!

Nur weiß ich nicht, was ich selbst damit mache.

Vielleicht lebt man seliger mit Weisheits-Brache.

*

Kann die Weisheit nur von alten Männern kommen?

Warum hatte man weiblichen Rat nie ernst genommen?

Weisheit von Frauen ließ man lange Zeit verschwommen.

*

War die Weisheit stets mit himmlischen Wesen verknüpft,

ist man mittlerweile aus dieser religiösen Welt geschlüpft,

wodurch eine Idee nur durch weltliche Gedankenwelt hüpft.

*

Die ganze breite Weisheit dieser Welt

ist in Millionen Büchern zusammengestellt:

Wem das wohl jäh zu lesen einfällt?!

*

Man sollte nicht in die Hände von Leuten beißen,

die dich vorbildlich sehen, dein Handeln gut heißen,

die sich für dich unter Umständen auch zerreißen!

*

Die Grenzen der eigenen Freiheit,

gelten für alle stets nur so weit,

dass sie vermeiden jegliches Leid.

*

Sei ein Philosoph und handle leise!

Sei kreativ - denke viel, aber leise,

erst dann öffne dich deiner Kreise!

*

Auf dem Laufsteg des Lebens

findest du die Gerade vergebens:

Es ist ein Labyrinth des Strebens!

*

Weihnachten ohne Tannenbaum

ist wie Bier ohne seinen Schaum:

man erkennt es als solches kaum!

*

Menschen mögen dir im Guten begegnen,

von dir Güte erfahren und dich segnen,

dass auf dich Tropfen der Dankbarkeit regnen!

*

Wenige Schriftsteller denken im Voraus,

sondern legen bereits Geschriebenes aus:

Für viele Kreative ein wahrer Graus!

*

Nur selbst Erlebtes ist originell,

nicht wenn ich Altes zusammenstell´,

ist es auch scharf wie ein Skalpell.

*

Fasse komplizierte Zusammenhänge,

in ganz einfache Gedankengänge,

statt in komplizierter epischer Länge!

*

Sage, was du zu sagen hast,

mit deinem Herzen, ohne Hast!

Du wirst sehen, dass es passt.

*

Suche nach dem wahren, deinem Glück,

abseits von Hab und Gut ein Stück!

Nach dem strecke dich und bück´!

*

Seit Jahrhunderten besteht das Leib-Seele-Problem:

Die ewig unverstandene Körper-Mentales-Relationem,

vor allem in Hegels „Geist-Phänomenologie-Theorem".

*

Der Zweifel ist aller holden Weisheit Beginn,

denn Fragwürdiges führt zu neuen Wegen hin,

und Zweifeln erlangt einen initiierenden Sinn.

*

Menschen kennzeichnet ihr Denken,

mit dem sie ihre Zukunft lenken

und laufend Fortschritte schenken.

*

Cartesische Systeme ignorieren die Metaphysik,

denn sie tolerieren nur die reale Analytik

von Materie mit Naturwissenschaft und Physik.

*

Fehlurteile erwachsen tradierten Meinungen

wie auch täuschenden Sinnes-Wahrnehmungen

und behindern damit wegweisende Neuerungen.

*

Mit Hilfe der Vernunft Gott zu beweisen,

war einst aktuell in scholastischen Kreisen:

Aber die Beweise waren leicht zu zerreißen.

*

Wenn Demut und aufopferungsvolle Liebe

stets das Prinzip wahrer Größe bliebe,

gäbe es auf der Welt kein Machtgeschiebe!

*

Evolutions-Theorie und Gottes-Beweise

verfolgen ganz verschiedene Gleise,

aber um Gottes-Beweise wurde es leise.

*

Wohin fliehst du in deinem Sein?

In Käufe, Fernsehen oder Verein?

Oder bist du lieber für dich allein?

*

„Was will ich in meinem langen Leben genau?",

fragt sich die philosophisch gebildete Frau,

„Ob ich dafür auf einen der vielen Männer bau´?"

*

Metaphysik, Kirchensang und Gottesglauben

wollte die Aufklärung den Menschen rauben,

aber noch heute helfen sie Lahmen und Tauben.

*

Was von deinem Leben noch bleibt,

ist das, was von dir nach oben treibt,

auf dem Meer, das Geschichte schreibt.

*

Gefühle bestimmen unser aller Denken,

beeinflussen unser tägliches Lenken,

und können wieder neue Ideen schenken.

*

Wenn du stets die Wahrheit sprichst,

keinen Menschen böswillig stichst,

bist du kein Kandidat eines Gerichts.

*

Wo das Licht am hellsten scheint,

sind die Ehrlichen vereint,

weil sich Böses nur im Dunkeln sicher meint.

*

Denken heißt auch Reflektieren

und bewusst sinnvoll Rezipieren,

um eigene Weltbilder zu generieren.

*

Der heutige Zweckrationalismus,

bei dem keiner tief denken muss,

bringt in seiner Starrheit nur Verdruss!

*

Ist unsere immer noch die schönste aller Welten,

oder sollte man über sie fürchterlich schelten?

Denn Gutes hört man über sie doch nur selten!

*

Auch am Himmel herrscht nicht immer Sonnenschein.

Wieso sollen auch deine Tage nicht mal trübe sein?!

Mit der Zeit renkt sich vieles von alleine wieder ein.

*

Wenn die Sehnsucht schon lange in den Träumen sinnt,

wird es höchste Zeit, dass die Verwirklichung beginnt,

denn Wünschen ist der erste Schritt im Realisierung-Sprint.

*

Moral basiert nicht auf Neigung und Empfindungen,

die Argumente mach´ einfältig gestrickter Zungen,

sondern auf Würde, Freiheit, Selbstbeherrschungen.

*

Der Mensch ist seinen Mitmenschen wie ein Kuckuck:

Er lässt sie mitleidslos für sich arbeiten, unter Druck,

und gönnt sich derweil selbstgefällig einen Schluck.

*

Nötige dich zu einer vorzeigbaren Moral,

denn menschliche Schwächen sind fatal.

Freiheit und Vernunft erlauben es allemal!

*

Aufgeklärte Menschen entfliehen der Unmündigkeit:

Das geht dem Staat und der Kirche mitunter zu weit.

Deshalb liegen sie mit den Konservativen im Streit.

*

Der Mensch verfügt über eine Grundneugier,

genetisch verankert, wie auch bei manchem Tier,

nur die Kausalitäts-Sucht ist Menschen-Manier.

*

Man sagt: „Never change a running team!"

Aber ist die Frage nach dem WARUM zu intim!?

Oder hat die Gruppe nur einen starken DREAM?

*

Liebe dich so, wie du bist!

Mache aus dir keinen Zwist!

Was andere sagen, ist oft Mist!

*

Kopernikus schuf eine ganz neue Kosmos-Sicht:

Nicht um den Beobachter kreist das Sonnenlicht,

sondern er selbst bewegt auf irdischem Gewicht.

*

Aristoteles, den man immer noch sehr verehrt

hatte einst das „Vier-Ursachen-Prinzip" gelehrt,

und sich so einen besseren Überblick beschert.

*

Der Philosoph David Hume erweckte Immanuel Kant

aus seinem tiefen Schlummer, wie dieser empfand,

und übte wegweisende Kritik an unserem Verstand.

*

Uns Menschen sind drei Leben gesetzt:

Das eine liegt real im Hier und Jetzt,

die anderen sind als Träume und Erinnerungen geschätzt.

*

Bis zum Ende unserer Tage sind wir Lernende,

von der Unwissenheit immer weiter Entfernende.

Schön, wenn man dabei auch etwas Weisheit fände!

*

Wodurch macht Wissen einen Sprung?

Nur durch unsere sinnliche Erfahrung,

ohne eine vernunftgemäße Erweiterung!

*

Wissenschaft befasst sich mit Erscheinungen,

die kausalen Naturgesetzen entsprungen.

Deren Bearbeitung ist bereits gut gelungen.

*

Moralisch können wir in Freiheit handeln,
wenn wir mit Pflichtbewusstsein anbandeln,
nicht die Welt mit Vorlieben verschandeln.

*

Kommen zu einer Vorlesung viele Studenten,
hat entweder der Inhalt seine Interessenten
oder der Dozent zaubert mit Experimenten.

*

Mache nicht das Licht aus, wenn du im Dunkeln stehst!
Beginne von vorne, wenn du dich im Kreise drehst!
Halt ein mit Beatmung, wenn das Opfer schon verwest.

*

Erfahrungen machen mitunter klug;
Doch leider ist das oft nicht genug,
sondern grenzt an Selbstbetrug!

*

Erkundige dich gut, bevor du ein Watt begehst!
Schüre kein Feuer, in dem du selbst stehst!
Schau dich um, ehe du mir den Hals umdrehst!

*

Den Keim unserer ethischen Grundsätze

tragen wir in uns, wie auch andere Schätze,

noch bevor man uns in die Welt setzte.

*

Empathie ist die Grundlage der Moral,

sich in Andere zu versetzen, allemal,

die Not Anderer zu spüren, ein Signal!

*

Woher kommt unser moralisches Empfinden?

Wenn wir Kooperation mit Humanität verbinden,

sollst du zum Selbstnutzen nicht Andere schinden!

*

Unseren Egoismus müssen wir zähmen,

auch wenn wir Nachteile in Kauf nehmen,

um nicht die Gemeinschaft zu lähmen!

*

Ist der Mensch wirklich von Natur aus gut?

Kriege, Terror, Mord, Hass machen keinen Mut-

aber nur ein winziger Anteil, der so etwas tut.

*

Moral entwickelt sich nach der Lebensgeschichte,

so erfahren es immer wieder Jugendgerichte:

Üble Einflüsse machen die Einzelmoral zunichte!

*

Selbstorganisation und Kooperation

sind die Baumeister der Evolution,

und ständige Optimierung ihr Lohn.

*

Fremden unter Risiko Hilfe zu leisten,

ist nicht gerade Wunsch der Meisten,

aber von denen, die zu Krisen reisten.

*

Ist Kooperation mit schnödem Egoismus gepaart,

hätte man sich manchen Aufwand lieber gespart.

Es ist der Altruismus, der vor Egoismus bewahrt!

*

Unmoralisches Handeln aus oft banalem Motiv

geschieht, wenn eigenes Interesse entgegenlief

und die Nächstenliebe dabei einfach schlief.

*

Bringt Böses immer nur wieder Böses hervor?

Erwachsen kleinen Samen kleine Bäume empor?

So denkt nur ein naturwissenschaftlicher Thor!

*

Sieben Weltwunder pries einst das Griechische Reich,

ein Schneiderlein erlegte sieben auf einen Streich,

und an Tugenden fand man ebenfalls sieben gleich.

*

Es ist so sehr bequem, unmündig zu sein:

Faul und feige zerreißt man sich kein Bein!

Daher herrschen die Tyrannen leicht allein!

*

Drei Fragen, die sehr viele Menschen erregen,

kamen dem Immanuel Kant beim Überlegen,

die sich um Wissen, Tun und Hoffen bewegen.

*

Platon zeigt mit seinem Höhlen-Vergleich:

Wir leben in einem ewigen Schattenreich,

unwissend, realitätsfremd, scheu und bleich!

*

„Man soll mit dem Herzen erkennen!"

lässt Saint Exupéry den Prinzen nennen:

Wichtiges wird im Inneren brennen!

*

Stehen die Interessen der Staaten

vor denen individueller Taten,

oder dienen sie als „Bürger-Paten"?

*

Warum hängen Potentaten so an der Macht?

Hat ihnen eine Überheblichkeit eingebracht

weil bei ihnen Devotes Scheingröße entfacht?

*

Die Freiheit verträgt keine Nötigung!

Jeglicher Zwang gleicht einem Sprung

in Abhängigkeit und Verunsicherung!

*

Menschen unterliegen drei fundamentalen Trieben:

„Natur-, Moral- und Spieltrieb", wie Schiller geschrieben.

„Erst die Spielenden können sich als Mensch lieben!"

*

Wie wird ästhetisch Schönes geschaffen?

Werke, die Menschen Künstlern entraffen?

Ideale Schönheiten als erhabene Waffen?

*

Setzt das Leiden kreative Kräfte frei?

Es sieht fast so aus, als ob es so sei,

denn Leidende schufen Großes herbei!

*

„Ob du bitter arm bist oder unendlich reich,

die Urnen-Asche macht alle Menschen gleich!"

schrieb ein Philosoph an einen Öl-Scheich.

*

„Wir wollen immer mit gleicher Methode probieren,

erwarten aber, dass andere Ergebnisse resultieren!"

hörte man den Physiker Albert Einstein resümieren.

*

Mit verordneten DU verdirbt man die Nähe,

da Nähe gerade nicht zu verordnen gehe!

Warum man das nur so oft nicht verstehe!?

*

Mache dir sorgfältig Gedanken

statt auf wackeligen Planken,

stets sinnlos umher zu wanken!

*

Es ist der Besitzenden unverständlicher Hohn,

ihr Erreichtes sei der selbstverdankende Lohn:

Welch bodenlose, eigensüchtige Illusion!

*

Menschen fühlen sich zeitlebens in angstvoller Schuld:

Sie ernten Geringschätzung, entbehren der Würde Huld,

verpflichtet zu stetem Gehorsam und ewiger Geduld.

*

„Vieles Gewaltige lebt auf dieser unheimlichen Welt,

doch als Gewaltigster hat sich der Mensch herausgestellt",

wie es dem griechischen Dichter Sophokles einst einfällt.

*

Der Philosoph Pierre Bourdieu beschreibt den Habitus,

der etwas mit unserem „Stallgeruch" zu tun haben muss,

mit Gewohnheit von Lebensstil und Verhaltens-Erguss.

*

Gebe dem Sich-in-Frage-Stellen mehr Raum!

Das erweitert den Horizont, du glaubst es kaum;

allerdings ist es nicht gerade immer ein Traum!

*

Mit Fremden sollst du dich hart auseinandersetzen,

diskutieren, streiten, fliegen auch mal die Fetzen,

denn Unbekanntes folgt selten bekannten Gesetzen!

*

Wie viel Fremdes ist in dir selbst noch erträglich?

Als Gewohnheitsmensch wenig. Das ist kläglich!

Aber stets die Seele zu kostümieren, stresst unsäglich!

*

Gerne umgeben wir uns mit Gleichen,

wandeln in ähnlichen Gedanken-Reichen.

Wir sollten sie mal anders anstreichen!

*

Seid gütig und offen mit den Armen,

habt Mitleid und herzvolles Erbarmen:

selbst Engel sehnen sich nach Warmem!

*

Da sitze ich in einem Café-Haus und denke,

wie ich mein verkorkstes Leben weiter lenke:

„Wie komme ich heraus aus dieser Senke?!"

*

Für Fichte, Schelling und auch Hegel,

galten Traditionen als Antriebs-Segel.

Sie lebten nach der göttlichen Regel.

*

Menschen wie Hegel, Schiller, Uhland und Hauff

fallen im Schwabenlande gar nicht weiter auf,

denn das Geniale steckt dort in jedem Lebenslauf!

*

Das Denken; das sich an Zielen orientiert,

wird in Schriften als „Teleologie" zitiert,

und hat schon manchen Denker inspiriert.

*

Verbindungen Idealismus-Materialismus sind brisant:

Eine Zeit lang waren sie im Sozialismus angewandt,

aber hatten erfahrungsgemäß kaum einen Bestand.

*

Große philosophische Ideen und Inspiration

entstehen in allen Bereichen einer Nation,

und bedürfen keiner Partei, keines Patron´!

*

Erst das Ganze offenbart das Wahre,

denn bei Teilaspekten läuft man Gefahre,

die Wahrheit kommt auf einer Bahre!

*

Wer mit dem Rücken zur Welt

sein persönliches Glück bestellt,

hat sich um die Seligkeit geprellt.

*

Warum sind kleine Wesen so grausam?

Kompensieren sie damit ihre Scham,

oder weil sie sonstige Defizite hab´n?!

*

Abwechslung ist des Lebens Reiz,

Übel liegt in des Menschen Geiz;

Selbstsucht ist sein Ende bereits!

*

Ja, es gibt ein reichlich erfülltes Leben,

auch wenn wir viele Wünsche drangeben,

nach denen wir nicht wirklich streben.

*

Wer kann einen „Gordischen Knoten" lösen?

Während viele Menschen nur dahin dösen,

befreit ein Schwert das Gute aus dem Bösen.

*

Die vier „Apokalyptischen Reiter" stehen für Dinge,

wenn es um Tod, Gericht, Himmel und Hölle ginge,

damit der Mensch des Lebens um Seelenheil ringe.

*

Dass ihr´s alle wisst,

„Der Mensch ist,

was er alles so isst!"

*

Andersdenkende müssen viel Druck aushalten,

weil sie im Unbequemen schalten und walten.

Aber ohne Querdenker bliebe alles beim Alten!

*

Wir fliehen, um den Geist nicht zu verlieren,
in Einsamkeit oder in Massen zu marschieren,
auf jeden Fall um den Alltag zu variieren.

*

Ist Glaube einzige Kraftquelle des Lebens?
Suchen wir andere Energieflüsse vergebens
oder vergeuden wir sie im Zuge des Strebens?

*

Jede Epoche hat ihre eigene Verderbtheit:
Für Sören Kierkegaard zeigte sich das Leid
in der pantheistischen Zügellosigkeit.

*

So manch einer vermisst die Leidenschaft,
keineswegs aber der Gedanken tiefe Kraft,
und nimmt dafür seine Mitmenschen in Haft.

*

Entscheidungen zu treffen ist mitunter Last,
die als Begleiter jeden Menschen erfasst,
ist sie ihm auch noch so sehr verhasst.

*

In welchen Lebensentwürfen sollen wir leben?

Was in den hohen Stand der Wahrheit erheben,

wenn wir am existenzialistischen Denken kleben?

*

Unser Wille ist eine universelle Antriebskraft,

die ein unersättliches Verlangen schafft,

und uns leidvoll zum ewigen Sklaven rafft!

*

Durch die Künste können wir der Macht entfliehen,

die dem universalen Willen einst verliehen.

Durch Kontemplation können wir uns ihm entziehen.

*

Ist der Himmel sonnenklar,

vergessen wir, wie es mit Wolken war.

Umgekehrt stellt es sich ebenso dar!

*

Erkläre einem Kind,

wie Blumen zu malen sind,

und es bleibt nicht blind.

*

Verbringe in angemessener Kluft

viel Zeit an der frischen Luft,

wo die Natur zum Staunen ruft!

*

Allgemeine Rechte von Frau und Mann,

die man als verbunden ansehen kann,

ziehen gemeinsame Glück in ihren Bann.

*

Eine einfache moralische Regel erörtert:

„Gut ist, was Unlust mindert, Lust fördert,

und das Gemeinschafts-Glück verbessert."

*

Vernachlässigte Erziehung, Quelle allen Elends,

zeigt sich bei Frauen und Müttern vollends,

denn natürliche Fähigkeiten bleiben im Nirgends.

*

Erfahrung bleibt, wie es schon immer war:

Schützenswert, vielfältig und unbezahlbar!

Wer´s leugnet, ist ein unverbesserlicher Narr.

*

Intolerante Menschen sind oft beratungsresistent,

wie man es auch von zahlreichen Vorgesetzten kennt,

bei denen der Ehrgeiz in der trockenen Seele brennt.

*

Mit Moral befasst sich die Ethik,

eine Wissenschaft mit Überblick,

über die Zeitalter vor und zurück.

*

Der Mensch ist zumeist ein Verhältnis-Wesen,

kann sein Image in Relation zu anderen ablesen,

und sei es auch nur in einer Disziplin gewesen.

*

Bei guten Taten sollte man nicht ruh´n

und sie besonnen verschwenderisch tun,

denn gegen die ist kein Empfänger immun.

*

Schon in frühen Jahren sollten wir erkennen,

was es heißt, für eine gute Sache zu brennen,

um es letztlich ein erfülltes Leben zu nennen.

*

Singt ein Chor alle Jahre wieder
die altbekannten Weihnachtslieder
erwärmt er Herz und alle Glieder.

*

Dass letztlich das Wahre
ist das Unabwendbare,
erkennt man auf der Bahre.

*

Nach C. G Jung sind Menschen auf der ewigen Suche
nach „Mutter-Archetypen", dem Schutz wie im Buche:
finden ihn in Gemeinschaften, der Mutter zum Fluche.

*

Glücksspiele? – Dass ich nicht lache!
Denken ist die wahre Glücksache!
Es schenkt dir im Glück das Zigfache.

*

Schenken beruht zumeist auf Gegenseitigkeit,
und hält man dankbar nur ein Lächeln bereit:
Nicht der Preis, der einer Gabe Größe verleiht.

*

Die einzigen Grenzen, auf die wir stoßen,

sind weder die kleinen, noch die ganz großen,

sondern die von uns akzeptierten bloßen!

*

Hindernisse können wir auch übersteigen,

obwohl wir eher zur Resignation neigen,

machen wir sie uns als Herausforderung zu eigen!

*

Mensch, sei doch auch mal unbescheiden!

Auch wenn dir andere deine Freiheit neiden,

sie gilt als das eines jeden Menschen Leiden.

*

Falle ich einmal auf den Bauch,

stehe ich nicht lange auf dem Schlauch!

Beim Fall auf den Rücken gilt das auch!

*

Als Wächter von guten und schlechten Taten

sind wir mit unserem Gewissen gut beraten!

Es sollte nur nicht in Selbstgeißelung entarten.

*

Man mache sich erst Gedanken,

statt auf wackeligen Holzplanken

immer hin und her zu wanken!

*

Der Feldzug für die Freiheit

Ist freilich keine Kleinigkeit!

Nur wenige sind dazu bereit.

*

Versperrt dir ein großer Felsen deinen Weg,

war dieser Pfad vielleicht gerade kein Privileg,

weshalb Überwindung oder Alternativen überleg´!

*

Werde mit dir ganz allein

der, der du glaubst zu sein,

aber ohne den Ego-Schein!

*

Ist denn das Lügen moralisch zu verurteilen,

wo wir doch in der Welt der Täuschungen weilen

oder können sich Wahrheit und Lüge aufteilen?

*

Nur die eine einzige Wahrheit zu vertreten,

leitet uns ganz schnell bedrängt in Nöten,

denn wir werden zur Rechtfertigung gebeten.

*

Das Glück wird nur dem Menschen offeriert,

der sich radikal nur auf sich selbst konzentriert,

auch wenn man nur Selbstlosigkeit respektiert.

*

„Ideale sind nichts als bloße Gespenster,

ohne Realität hinter einem großen Fenster!":

sagt ein nur auf sich selbst Begrenzter.

*

„Frei und glücklich ist des freien Willens Verneiner,

denn mit der Kunst wird die Subjektivität kleiner!",

beschrieb es Arthur Schopenhauer wie sonst keiner.

*

Lasse dich nicht von Schwätzern zusammenstauchen!

„Hab´ immer wieder Mut, den Verstand zu gebrauchen!",

Worte, die schon seit der „Aufklärung" auftauchen.

*

Hinterher ist man immer viel schlauer:

man kennt Zusammenhänge genauer;

ist über Misserfolg nicht mehr so sauer.

*

Der Mensch ist kein isolierter Beobachter,

sondern ein in sein Umfeld Gebrachter,

als kreativer, gestalterischer Betrachter.

*

Das ÜBER-ICH, das ICH und das ES,

das Selbst, Autoritäten und Verborgenes

sind die FREUD-Schlüssel für Seelisches.

*

Es ist die geistige Menschenkraft,

die den Willen zur Stärke schafft:

Sie saugt schöpferischen Honig-Saft.

*

Zur Optimierung hilft eine gute Technik:

Die Synthese der Hegelschen Dialektik,

aus These und Antithese in einem Stück.

*

Philosophie heißt heute als humanes Geleit:
„Liebe zur Weisheit und zur Menschlichkeit";
für neue Aufgaben also reichlich Gelegenheit!

*

Was erstickte den Klassenkampf
ohne donnernden Kanonendampf?
Andere ersetzten den Adels-Krampf!

*

„Euphemismus" gilt als rhetorische Figur:
Worte, die beschönigen und verschleiern nur,
sonst käme man einigen Tabus auf die Spur.

*

„Worauf kommt es im Leben wirklich an?",
fragen sich die Frauen und auch jeder Mann:
Dass man angemessen zufrieden sein kann!

*

Es ist Vernunft, die Menschen zum Menschen macht,
und der aufgeweckte Verstand, der darüber wacht,
dass ein guter Mensch rechtes Handeln entfacht.

*

Bösewichter müssen viel mehr durchstehen,
dürfen sie einer gerechten Strafe entgehen,
als büßten sie in der Haft für ihr Vergehen.

*

Wenn eine Prämie zum Kaufen verführt,
achte, dass man nicht den Verstand verliert,
denn manche Billigware ist leicht rabattiert!

*

Dem Verstand als treuen Diener der Herzen,
über den die Sklaven der Begierde scherzen,
opfere ich tausend edle Bienenwachs-Kerzen.

*

Wahrnehmung ist eine Quelle der Wissenschaft,
ebenso wie auch die metaphysische Willenskraft,
wenn der Mensch völlig Unerwartetes schafft.

*

Was ist Wissenschaft?
Mit Pflichtgefühl gewissenhaft
eine Examens-Arbeit zusammengerafft?

*

Akzeptiere den Verlust, aber gebe dich nie geschlagen

Du kannst immer wieder neue gute Schritte wagen,

die dich wieder aufbauen und wieder nach oben tragen!

*

So man sich für eine Sache brennend interessiert

und auch geduldig lange genug experimentiert,

ist die Wahrheit das, was am besten funktioniert!

*

Man denke so übersichtlich alternativ,

dass man gewappnet ist und gleich aktiv,

läuft mal ein angepeiltes Vorhaben schief.

*

Die Welten werden uns zu komplex:

Wir stehen vor ihnen mitunter perplex,

wie vor einem großen Tintenklecks.

*

Perfektion ist die Eigenschaft von Maschinen!

Menschen können damit nur schwerlich dienen,

denn ihre Extremitäten laufen nicht auf Schienen.

*

Ein Ereignis, das uns nicht betroffen macht,

hat noch selten hohe Begeisterung entfacht

und schon gar nicht eine Erkenntnis gebracht!

*

Dinge, die schlichtweg vorhanden

und ihren Gebrauchswert fanden,

machen wir uns gerne „zuhanden".

*

Wie ich mir mein eigenes Sein auch einteile,

in Sorge, Schuld, Angst oder auch Langeweile,

bin ich in diese Welt geworfen, der ich auch enteile.

*

Phänomene sind Erscheinungen,

die unser Bewusstsein errungen,

aus Erfahrungs-Erinnerungen.

*

Den Ängsten vor Schlangen und Spinnen

können wir so ohne Weiteres kaum entrinnen:

sie machen uns bei Kontakt ganz von Sinnen!

*

In irgendeiner Sache ist wirklich jeder gut;
nur fehlt den meisten Leuten gar der Mut,
zu erkennen, was ihnen am besten tut!

*

Weisheit ist ein großes Geschick
um das Verständnis von Glück,
für Entscheidungen der rechte Blick.

*

Der Mensch, den man den Weisen nennt,
ist der, der die Zusammenhänge kennt,
sich für „Ursache und Wirkung" entbrennt.

*

Weise Prinzipien bestimmen unser Dasein!
Ihnen folgen wir aus Vernunft ohne Pein,
stimmen mit ihnen immer wieder überein!

*

Echte Wissenschaft braucht falsifizierbare Postulate,
denn selbst hinreichend gut recherchierte Resultate
stehen nicht stets automatisch für die Wahrheit Pate!

*

Menschen scheinen nicht mit Intelligenz zu lernen,

weil sie sich von eigenen Reflexionen entfernen

und Wissen verdampft aus wachsenden Zisternen.

*

Sind Geschichte und Erfahrung Lehrmeister im Leben?

Müssen wir und dafür zur Existenz-Philosophie begeben?

Allzeit mühen sich Weise, nach Reflexionen zu streben.

*

Die Aufdringlichkeit von zunehmenden elektronischen Systemen

Verführt uns zum verlockenden, unkontrollierbarem Bequemen,

um uns mehr und mehr die selbstbestimmte Freiheit zu nehmen.

*

An die achtzig Jahre zieht sich das Leben dahin,

achtzig Jahre lang suchen wir nach einem Sinn,

bis uns die Seele entweicht, aus Fenster oder Kamin.

*

Bojen, Baken und Leuchttürme weisen den Seeweg,

aber wer weist mir den steinig, rauen Lebensweg,

wenn ich ihn nicht immer wieder in Gottes Hände leg´?!

*

Erst beim zweiten Lesen in einem Journal
entdeckt man oft ein übersehenes Schicksal.
Das ist erstaunlich oder vielleicht sogar fatal!

*

Ordnung ist das Credo der Phantasielosen,
der Prinzipien-Reiter, der „Leit-Matrosen",
geplagt von Unwissenheit und Angst-Neurosen.

*

Mamertus, Pankratius und der Servatius
sind die „Eisheiligen" mit dem Bonifatius;
die Sophia macht am 15. Mai den Schluss.

*

Sage frei heraus, was du für wahr erachtest,
nicht was du für dich als vorteilhaft betrachtest
oder gar für dich als strategisch erdachtest!

*

Trauer braucht ihre angemessene Zeit,
denn es fehlt eines lieben Mensch Geleit.
Drum sei zu intensiver Trauerarbeit bereit!

*

Der Boden bricht unter deinen Füßen,

musst du den Verlust eines Menschen büßen,

dessen Tage viele Erinnerungen hinterließen.

*

Wir rudern auf einem Strom mit unbekanntem Wasserfall;

schließlich zerschellt das Boot unhörbar im Getöse-Schwall;

mitunter sinken Boote schon vorher durch rostendes Metall.

*

Ordnung und Systematik

sowie Diskurse von Kritik

haben Wissenschaften im Blick.

*

Willst du einen anderen Menschen verstehen,

musst du erst mit ihm tausend Schritte gehen:

auf seiner Fährte wirst du Gut und Böse sehen.

*

Die Düfte und Gerüche dieses Lebens,

sind nicht die Dinge großen Aufhebens,

aber sie verströmen nicht vergebens!

*

Die Weltgeschichte ist Fortschritt im Sinne der Freiheit

in einer wechselvollen, hin und her gerissenen Ewigkeit,

in der die Menschheit immer noch nach Freiheit schreit.

*

Wenn einer gerne spricht, stelle dich einfach stumm,

denn der redet nur in seinen Gedankenkreisen herum,

hält andere für empfangsbereit aber weitgehend dumm.

*

Das Gift, an dem die Schwachen zugrunde gehen,

werden die Starken als eine Offenbarung sehen,

werden ihre Untaten weiter als das Heil verstehen.

*

Der Herbst macht mir das Alter bewusst,

nimmt mir einen Großteil der Lebenslust,

weil alles auf Vergänglichkeit fußt.

*

Bleibe lieber froh und kerngesund,

mache das Leben harmonisch rund,

als zu Wuchern mit Ehr und Pfund!

*

Die beste Medizin ist das Spazierengehen,

besonders im Herbst wenn laue Lüfte wehen,

denn so bleiben die Abwehrkräfte bestehen.

*

III. MÄSSIGUNG, BESCHEIDENHEIT

Mitunter sagen böse Zungen zu dir:

„Bescheidenheit ist eine Zier,

doch weiter kommt man ohne ihr!"

*

Ist der Ehrliche heute wirklich der Dumme?

Vielleicht überwiegen die Unehrlichen in Summe,

während ich zu einem reinen Gewissen kumme.

*

Veganer verzichten auf alle tierischen Produkte,

konnten nicht ertragen, wie Schlachtvieh noch zuckte

und sie mit ihren traurigen Augen noch anguckte.

*

Die Großmächtigen einer jeden Zeit

liebten des Volkes Bescheidenheit,

aber selbst waren sie nie dazu bereit!

*

Bescheidenheit besticht als Zier,

doch wirklich selten nützt sie dir.

Sie ist nur der anderen Plaisir!

*

Bescheidenheit gilt als Weg zum wahren Glück:

Wer wenig beansprucht, weist Vieles zurück,

dem reicht zur Seligkeit nur ein kleines Stück.

*

Nie wurde Bescheidenheit deutlicher beschrieben,

als es „Hans im Glück" im Märchen getrieben:

Von einem Goldklumpen war ihm nichts geblieben.

*

Die Quellen des Glücks allein in sich zu finden,

sich nicht zu übermäßigem Reichtum schinden,

ein Geheimnis, ohne sich an Äußeres zu binden!

*

Der Ehrliche kann jeden Tag in den Spiegel schauen,

muss nicht auf Hinterhalt, List und Tücke bauen,

kann sich und den Seinen vollends vertrauen.

*

Die Balance zwischen Lässigkeit und Stress
erscheint als schwieriger „Trigger-Prozess"
inklusiv Hamsterrad- und „Burn-out"-Regress.

*

Die Zurückhaltenden sind zumeist die Dummen,
weil anderen immer mehr Aufgaben aufbrummen
und sie selbst bleiben die schüchternen Stummen.

*

Die Ehrlichen geraten oft ins Hintertreffen,
weil die Skrupellosen alles zusammenraffen,
aber für andere keine Gerechtigkeit schaffen.

*

Die Mäßigung, von Platon einst als Tugend definiert,
auch als Besonnenheit oder Beherrschung zitiert,
scheint in unserer Gesellschaft heutzutage eliminiert!

*

Dass Mäßigung eine Tugend sei,
ist vielen Erden-Menschen einerlei:
sie leben weiter in Gier und Völlerei.

*

Mehr sein, als zu scheinen,

sollte man in sich vereinen,

wie die Tugendhaften meinen.

*

Wem „genug" zu wenig erscheint,

ist mit „nichts" genügend vereint,

weil er das Maßvolle verneint.

*

Bleibe genügsam und bescheiden,

dann können dich alle gut leiden,

die Orthodoxen so wie die Heiden.

*

Die Bescheidenen sind die Introvertierten,

die wahren Könner und äußerst Versierten,

im Gegensatz zu nervigen Extrovertierten.

*

„Tue Gutes und rede darüber!"

kommt auch bescheiden rüber,

ohne Wiederholung.-Stüber.

*

In der Ruhe von Bibliotheken lässt sich gut studieren,

lesen, vergleichen oder gefällige Kurztexte kopieren,

sowie nützliche Passagen kurzerhand zu notieren.

*

Mach´ dir zum Schlanksein mal Gedanken,

über all die Dicken und Super-Schlanken:

dann geraten Diät-Plane doch ins Wanken!

*

Kunst und Poesie hält uns am Leben,

kann uns enormen Lebensmut geben

und unser Lebensnetz weiter weben.

*

Die schiere Gelassenheit ist im Leben

nicht vieler Menschen so einfach gegeben,

denn sie wollen sich an Karrieren verheben.

*

Liegst du daheim auf dem Sofa und liest,

während der Dauerregen den Tag vermiest,

Zeit, dass du am Handy einen Freund grüßt.

*

Wer auf ein langes, buntes Leben zurückblickt,

sich zum Überdenken seiner Fähigkeiten anschickt,

dem hat das Schicksal äußerst huldvoll zugenickt

*

Hast und Eile gewähren mageren Lohn,

denn oft ist das Resultat blanker Hohn,

vergleichbar mit „überkritischer Rotation"!

*

Der Mensch hat, was er mag,

und mag gerne seinen Alltag,

wie er ihm schon immer lag.

*

Was mir an Judo-Kämpfern so imponiert,

sie sind nicht nur in ihrer Technik versiert,

sondern mental so völlig ausbalanciert.

*

Wer schon früh dem Phlegmatischen anhängt

und ernsthafte Arbeit weitgehend verdrängt,

dem wird im Alter wahrlich nichts geschenkt!

*

Bei der Not-Hilfe kommt es auf jede Sekunde an,

was aber auch zu Fehlentscheidungen führen kann:

eine Sekunde Nachdenken löst den Schock-Bann.

*

Was kümmert es die dicken Eichen,

welch´ Säue sich an ihnen streichen!

Sie können an ihnen nichts erreichen!

*

Kaum auf andere Weise lässt sich so gut entspannen,

als schwebt man auf einer Fluss-Schifffahrt von dannen.

Alle Sorgen lassen sich bis ins Unendliche verbannen.

*

In der Ruhe liegt eine immense Kraft,

denn wer rotiert, der gar nichts schafft,

da IST und SOLL auseinanderklafft.

*

„VERZICHT!" heißt das Mantra unserer Tage:

Gegen Zucker, Fleisch, Besitz erhebt sich Klage!

Für mich aber ist das unverzichtbar - ohne Frage!

*

Nicht alles muss sich gleich perfekt einstellen!

Drum umgeh´ die ewigen Selbstzweifel-Quellen,

denn das meiste verläuft in Erfahrungs-Wellen.

*

Atme ganz tief, genieße die Stille!

Befreie dich von Zwang und Wille,

auf dass die Ruhe alle Sorgen kille.

*

Jage nicht dem Geld und Ruhm hinterher:

Familie und Gesundheit leiden darunter sehr!

Am Ende hast du von allem nichts mehr!

*

Sei froh, du bist heil und gesund,

bist mit deinen Freunden im Bund

und erfährst keine unheilvolle Kund´.

*

Beschäftigte können Sicherheits-Maßnahmen trauen.

Aber wer schützt daheim ihre leidigen Ehefrauen,

die Arbeitskleidung waschen, die ihre Männer versauen?!

*

Konzentriere dich auf den Weg, nicht auf das Ziel,

denn an des Weges Ende hast du gar nicht viel!

Drum lebe den Tag, später bist du vielleicht senil.

*

Hast du den Gipfel erreicht, fühlst du dich erhaben.

Aber denke: im Glück kann man nicht ewig traben!

Abstiege zu bewältigen, gehört zu den höchsten Gaben!

*

Freue dich des Lebens mit deinen Jahren,

die bisher schon recht aufregend waren:

über die Zukunft ist sich keiner im Klaren!

*

Dir alle Wünsche des Glückes!

Mit weiterem Segen bestück´ es!

Kommt Pech, überbrück´ es!

*

Liebe Hunde, Vögel und Katzen,

teile mit ihnen Küche und Matratzen,

und Freude wächst zu einem Batzen.

*

Nach Aschermittwoch beginnt wieder Mäßigung,

vorbei die Tage der maßlosen Ausschweifung.

Jetzt heißt es Fasten mit Haferbrei und Soja-Trunk.

*

Schon manche Narren und Tollitäten

verachteten die anschließenden Diäten,

und bevorzugten Fisch statt nur Gräten.

*

IV. LEBEN

Lebe, liebe und strebe lauteren Herzens
in Zeiten frohen Mutes und Scherzens,
und du verbleibst in des Lebens Märzens.

*

Habe ich ein abwechslungsreiches Leben gehabt,
bin ich gesund geblieben, erfahren, belesen, begabt,
reicht es vollends, dass ihr mich in Würde begrabt.

*

Willst du hundert Jahre lang leben,
musst du nach Gesundheit streben,
dich aber auch nicht überheben!

*

Die Gedanken sind frei!
Aber behalte sie als Innerei,
auf dass dein Leben sicher sei!

*

Werbungen sollten dich nicht verführen,

auch wenn sie oft keine Zeit verlieren,

um immer wieder neue Taktiken zu küren.

*

Auf einer Alm bei harter Arbeit und karger Kost

lebt man ungestört friedlich und selten erbost,

denn in der Natur findet der Mensch seinen Trost.

*

Trotz aller schönster Phantasie:

Reime machen noch keine Poesie!

Aber sie gefallen irgendwie.

*

Mach dir dein Heim zu einem gemütlichen Nest,

halte darin den Rhythmus deines Herzens fest,

weil es sich so harmonisch, wohlig leben lässt.

*

Man tue sich nie schrecklich leid,

sondern zeige seine Einzigartigkeit,

nicht erst morgen, sondern heut´!

*

„Katzen sind zärtlicher zueinander

als die Menschen miteinander!"

sagte mir ein naher Verwandter.

*

Scheint die Sonne, erhellt sich unser Gemüt,

als wäre jäh ein Garten voller Blumen erblüht,

ohne dass man sich des Gärtnerns bemüht.

*

Die Menschen leben in Friedenszeiten froh,

ohne Angst und hektisches Kriegs-Tohuwabo,

und in überreichlichem Wohlstand sowieso.

*

Früher galt der Weihnachtsbaum

immer als ein Kindertraum.

Heute vermisst man ihn kaum.

*

Schön, dass wir uns wieder treffen können,

mit allen, die wir gute Freunde nennen,

damit wir die Zeit nicht sinnlos verpennen.

*

Es heilen die Wunden, die Gewalt einst gesät.

Gewissheit bleibt, dass alles zum Guten gerät,

denn für ein erfülltes Leben ist es nie zu spät!

*

Pflanzen schenken uns ein Stück Natur:

In Töpfen und Trögen sehen wir sie pur,

aber die Einzelpflege wird oft zur Tortur.

*

Lebe, denke nicht an das Morgen!

Was kannst du heute besorgen?

Die Zukunft bleibt dir verborgen!

*

Wenn Orkane brausen und Blitze einschlagen,

drückt die Macht der Natur auf den Magen.

Oft hat der Mensch dabei viel Leid zu tragen.

*

Erst wenn dir das Leben genommen,

weißt du, was du geschenkt bekommen,

hättest viel weniger Gipfel erklommen.

*

Bist du voller Minderwertigkeitskomplexe,

kauf´ dir einen großen Wagen und relaxe

mit Tattoos auf den Armen als China-Klekse.

*

„Wo, bitte schön, geht es hier zum Glück?"

„Komm´ mit – ich zeige dir das Kunststück!"

„O.K., dann will ich auch nicht mehr zurück!"

*

Body-Shape und Power-Frühstück

sind auch kein Weg ins Lebensglück!

Da falle ich lieber auf mein Sofa zurück!

*

Geld an der Börse, Gold im Keller

raten dir manche Buch-Bestseller.

Aber sie sich auch nur Schriftsteller.

*

Lasse deine Tränen ruhig fließen,

wenn dich große Sorgen verdrießen

und dich wie Kanonen beschießen!

*

Bist du ein weltgewandter Philanthrop,

ein Menschenfreund und kein Zyklop´,

liebe Menschen, auch ohne Horoskop.

*

Jeder Mensch braucht einen Freund,

der es stets aufrichtig mit einem meint,

auch wenn´s mal zu schmerzen scheint.

*

Suche im Alltag die Gelassenheit,

meide düstere Gedanken und Streit:

oft ist es nur eine winzige Kleinigkeit!

*

Lebst du mit guten Freunden im Bunde,

bist auch du verantwortlich für die Runde,

teilst Pfründe und heilst bei einer Wunde!

*

Bis ins hohe Alter selbstbestimmt zu leben,

geistig fit zu bleiben, Lasten selbst zu heben,

ist mit Übungen für Körper und Seele gegeben!

*

Versuche doch mehr zu sein,

als was gewährt der Schein,

denn Sand wird nicht Stein!

*

In den Wolken steht geschrieben,

während sie sich vorüberschieben:

„Wo sind unsere Jahre geblieben?"

*

Wann sehen sich Menschen endlich als Brüder,

und handeln nicht jeglicher Vernunft zuwider,

sondern singen gemeinsam Freundschaftslieder?

*

Nicht immer kann man mit der Herden-Moral gehen:

Für seine Verantwortung muss jeder gerade stehen,

und sich nicht wie die Fahne im Winde drehen!

*

Unser Leben ist zu kurz für Zwist und Streit,

denn selbst der Sieger bringt es nicht weit,

weil man auch seine Asche in die Urne streut.

*

Vor dem hohen Gericht und auf hoher See

zählen weder Ausreden noch übler Schmäh.

Da brauchst du eine verdammt gute Idee!

*

Häuser bedeckt am grauen Novembertag

ein feucht-kalter unheimlicher Nebel-Belag,

weshalb ich gerne daheim bleiben mag.

*

Wer in ländlichen Gegenden lebt

hört nicht wie die Großstadt bebt,

weil er an der Beschaulichkeit klebt.

*

Es ist eben, wie es ist:

Das Leben mit endlicher Frist

bis zum Sprung in die Kist´.

*

Suchst du einen guten Heizungsmonteur,

prüfe das Auftrags-Angebot vorher sehr.

Oft wird der Aufwand ohne Vergleiche mehr!

*

Lass´ das Leben laufen, wie es ist,

auch wenn du nicht zufrieden bist.

Das Leben schuf kein Idealist!

*

Das Schlimmste in der Schule sind die Streber,

die nicht chillen, noch feiern, frei weg von der Leber.

Noch interessieren nicht die spätere Arbeitgeber!

*

Wem kann man heute nachhaltig trauen,

Auf welche Versprechungen noch bauen?

Heutige Tugendlosigkeit kann alles versauen!

*

Sind ältere Menschen im Haushalt ganz allein,

laden sie gerne die Handwerker zum Kaffee ein,

verkennen aber: die Abrechnung wird höher sein.

*

Für F. Schiller war Nötigung ein Skandal,

der Determinismus und die Moral allemal.

Jegliches Zwang-Ausüben hielt er für fatal.

*

Unser Leben ist zu kurz für Zwist und Streit,

denn selbst der Sieger bringt es nicht weit,

weil man auch seine Asche in die Urne streut.

*

Im Wald zu wohnen, gleicht einem Paradies:

Vögel zwitschern, Raben schreien wie am Spieß,

aber das Blätter-Fegen im Hebst ist reiner Fron.

*

Du siehst die Sonne langsam untergehen,

erschrickst aber doch, im Dunkeln zu stehen,

kannst keinen Freund mehr um dich sehen.

*

Keine Gemeinschaft ohne Weihnachtsfeier!

Mit Kulturprogramm nicht die gleiche Leier,

auch mit einem Lied punktet der Obermeier.

*

Die Feste häufen sich zum Jahresende,

vom säten Herbst bis zur Jahreswende,

und Jahresrückblicke nehmen kein Ende.

*

Ist der Mensch einmal gestrauchelt,

fehlen Liebe, Freunde und auch Geld!

Nur selten öffnet sich ein Chancenfeld.

*

Von der Schulzeit erinnert man sich an was?

Sicherlich auch an den Satz von Pythagoras

Oder an die Blechtrommel von Günter Grass.

*

Wenn Menschen falsche Signale senden,

können Missverständnisse tödlich enden,

und das lässt sich dann nicht mehr wenden!

*

Vielen ist alles völlig Schnurz,

denn das Leben ist ihnen zu kurz,

besonders ohne Sicherheits-Schurz!

*

Einst schrieb Freiherr von Logan, Satiriker und Jurist,

wie fröhlich nach seinem Dafürhalten das Sterben ist,

wenn du Erbe, Priester oder ein Wurm im Erdreich bist.

*

Wie weise doch Worte des Augustinus von Hippo klangen:

„Ist ein gutes, erlebnisreiches Leben vorausgegangen,

brauchst du dich vor deinem Tod nicht sehr zu bangen!"

*

Mitunter begegnet man erwartungsfroh dem Tod,

denn er beendet große Leiden, hilft aus aller Not,

doch er führt keinen Kalender, folgt keinem Gebot!

*

Wirft der Tod nach dir im Schlaf seinen Stecken,

kann er dich doch nur sehr wenig erschrecken:

du schläft friedlich ein, nur keiner kann dich wecken.

*

Die Zukunft gehört den jungen Leuten,

die sich zu protestieren nicht scheuten,

und sich stets über neue Wege freuten.

*

Jeder trauert auf seine eigene Weise:

Der eine furchtbar laut, der andere leise

oder auch in kleinem Freundeskreise.

*

Eines Tages werden wir über einhundert Jahre alt,

mit Urnen-Grab an einem Baum im Friede-Wald.

Auf der Jugend ruht die Hoffnung, die einst uns galt.

*

Utilitarismus will im Leben minimalen Schmerz,

aber maximale Freude in Lust, Spaß und Scherz,

qualitativ und quantitativ mit Verstand und Herz.

*

Passe ich noch in diese eintönige Welt,

die nichts Passendes für mich bereithält,

die mir nur gewaltig auf den Geist fällt?

*

Suche deine Grenzerfahrung

wie Wasser und die Nahrung

zu deiner EGO-Bewahrung!

*

Wenn der smarte Utilitarist

ganz für Maximal-Nutzen ist,

bleibt er mit einigen im Zwist!

*

Darf uns die Vergangenheit jahrelang knechten,

uns als Büttel der Vorgenerations-Taten entrechten?

Wann enteilt man dem Schatten des Schlechten?

*

Dir Gier nach Geld und Anerkennung

gleicht einem fixierten Panthersprung,

überdeckt Pflicht und Verantwortung.

*

Zu deiner Freiheit musst du lange reifen,

nicht gleich nach den Sternen greifen,

sondern möglichst viele Bereiche streifen!

*

Wenn du denkst: „Das schaffe ich nie!",

erfüllt sich bestimmt diese Prophetie.

Dabei hast du mit Sicherheit die Energie!

*

Ziele des Lebens müssen in der Seele schweben.

Mit Elan und Einsatz musst du dafür alles geben,

aber demütig und bescheiden zu Neuem streben.

*

Erfolgreiche Menschen gehorchen bestimmten Regeln:
Mit Selbstvertrauen misstrauen sie Neinsager-Flegeln
und halten ihre Versagens-Angst auf niedrigen Pegeln.

*

Ältere Menschen kennen den Schmerz,
bedürfen anderer Menschen gütig´ Herz,
denn mit der Sinneskraft geht´s abwärts.

*

Das hohe Alter geht nicht spurlos vorüber,
versetzt im Leben gar manchen Stüber,
aber jeder Mensch ist von großem Kaliber!

*

Alte Menschen können in Erinnerungen schwelgen,
auch wenn sich gar manche vernebeln und welken,
der Körper wandelt nicht mehr in starken Gebälken.

*

Ist der Himmel regnerisch und verhangen,
kann man endlich mit dem Basteln anfangen,
um an ein lang gehegtes Bord zu gelangen.

*

Manch´ einer im hohen Ruhestand
geht noch durch Mauern und Wand
und ist auch noch klar bei Verstand!

*

Viele Menschen verwirklichen im Alter ihre Träume,
besuchen andere Länder und ferne Kulturräume,
steigen auf Berge, betauchen die Meeressäume.

*

Der aufregende Weihnachtszauber der Kinderzeit:
Wo ist er nur geblieben?! – Er entschwand so weit!
Die schöne Märchenwelt wich der Aufgeklärtheit.

*

Läuft man von der Theke zum Klo nach dem Hopfen,
kann er nach dem „Geschäft" schütteln und klopfen,
aber trotzdem geht in die Hose der letzte Tropfen!

*

Glücklich ist, wer ein vorbildliches Leben führt
in sich Energie und die volle Lebenskraft spürt,
sich aber auch für das Schicksal Anderer rührt.

*

Können wir an die ewige Leben glauben,

die uns irgendwo weiterzuleben erlauben?

Realität will uns dafür das Vertrauen rauben.

*

Wenn mich am Morgen die Sonne weckt,

liege ich immer noch ganz zugedeckt,

weil mich das Tagträumen oft erschreckt.

*

Morgens höre ich die Mutter in der Küche,

in die Nase steigen schon Kaffee-Gerüche.

Gleich höre ich Mutters Aufsteh-Sprüche.

*

Der Königsberger Philosoph Immanuel Kant,

hatte einst den wenig todesfürchtig genannt,

der mit hohen Werten in seinem Leben stand.

*

Hat einer den Tod täglich vor Augen,

kann Banales nicht an ihm saugen,

und zu Begierden wird er nicht taugen.

*

Solides Leben bietet das Angemessene,

aber wirklich gelebt hat nur der Besessene,

und nie gestorben ist der nie Vergessene!

*

Wie leicht lassen wir uns im Leben verführen,

ohne dass wir diese geheime Kunst spüren

und dabei vielleicht sogar den Kopf verlieren?

*

Es sind die immer wieder neuen Konsumgüter,

die uns verführen und unsere anfälligen Gemüter

schmelzen lassen, wie in einem heißen Brüter.

*

Es gibt kaum etwas Gutes,

es sei denn, man tut es,

mit Erich Kästners guten Mutes!

*

Der Mensch ist erst, versunken im Spiel,

ein wahrer Mensch ohne jegliches Ventil,

jedenfalls in einem sehr hohen Perzentil!

*

Der Mensch misst sich an seinem Umfeld,

wie er im Verhältnis zu anderen ausfällt,

weil Image eine Herausforderung darstellt.

*

Überaus aktive Menschen, so sagt man,

zünden ihre Lebenskerze von beiden Seiten an,

und wundern sich über ein kurzes Leben dann.

*

Wer ein sehr langes Leben vollbracht,

hatte sich besonnen auf den Weg gemacht,

wie eine Riesen-Schildkröte so bedacht.

*

Das Leben gleicht einem großen Basar:

Bunt, abwechslungsreich, unvorhersehbar,

das schon immer ein viel zu kurzes war!

*

Wenn das Jahr wieder mit Eins beginnt,

sich so mancher sich darauf besinnt,

dass die Zeit immer schneller verrinnt!

*

Revolution frisst ihre eigenen Kinder,

kaum ungeschoren bleibt ihr Erfinder,

und Elend verbreitet sich nicht minder.

*

War der Mensch auch von uns gegangen,

sein genialer Geist hält uns gefangen,

wird stets bei uns Begeisterung erlangen.

*

Wenn Kinder gar wild zusammen toben,

verkennen sie die Grenzen des Groben,

die sich schon bis zum Unheil verschoben.

*

Warum gestaltet sich die Schulzeit zu einer Last,

in der du ständig Angst vor miesen Zensuren hast!?

Lernen kann doch den Spaß machen, der zu dir past!

*

Wie schnell erwächst aus wilden Spielen

Ein Unterlegener mit Rachegefühlen,

die auch ungewollt auf Unheil zielen.

*

Ein Schubs, ein Straucheln, ein harter Aufschlag,
mit dem Hinterkopf auf Kanten mit Steinbelag,
endet oft mit „Das hab´ ich nicht gewollt-Geklag´"!

*

Lieber fünf Minuten später ans Ziel gelangen,
als für wilde Raserei ein Knöllchen einzufangen,
oder gar um seinen Führerschein zu bangen!

*

Das erfuhr schon so mancher genau:
Nichts gegen eine zornige wilde Sau,
ist die Rache einer enttäuschten Frau!

*

Leben ist der Wille zur freien Selbstverwirklichung,
der maximal mögliche Raum zur Lebensgestaltung
mit starker Energie zur Aktionsradius-Erweiterung.

*

Der Freiheit des Menschen sind dort Grenzen gesetzt,
wo er den persönlichen Raum anderer Wesen besetzt
und deren Individualrechte ungefragt deutlich verletzt.

*

Unser Leben ist wie ein Seiltanz zum Tode:
Es individuell zu meisten, stand stets in Mode.
Dafür findet jeder seine ureigene Methode.

*

Die Lebens-Bilanz ist vergleichbar mit der Rente,
die Abrechnung guter und schlechter Momente.
Ob es sich gelohnt hat, sieht man erst am Ende.

*

Was erfüllt unser Dasein mit tiefem Sinn?
Dass ich für die Familie verantwortlich bin?
Vielleicht gebe ich mich lieber dem Jetzt hin.

*

Per Geburt werden wir in die Welt geschmissen,
von der wir noch gar nichts kennen und wissen,
aber alles erlernen und recht handeln müssen.

*

Ist es heute noch gut, geboren zu sein?
Die „Antinatalisten" sagen dazu NEIN!
Denn die Lebensumstände sind nur Pein.

*

Ziel des Lebens ist für „Hedonisten" die Lust.

Aber fehlen die Lust-Objekte, kommt der Frust,

man trägt die Abhängigkeit schon in der Brust!

*

Sind Freunde nur Karriere-Unterstützer,

für sehr kurze Zeit, wie Kamera-Blitzer,

oder tiefere, längere Vertrauens-Besitzer?

*

Das „Zurückgeworfensein", allein auf sich,

macht uns für das Leben wieder nachdenklich,

wie das Resümee unter einem Bilanzstrich.

*

Wer risikolos lebt, ist ein Langweiler,

denn für ihn ist Sicherheit wohlfeiler,

als die Jagd auf einen wilden Keiler.

*

Auch Rom wurde nicht an einem Tag gebaut!

So lasse man sich Zeit und rette seine Haut,

wenn man sich an große Aufgaben herantraut!

*

Für die vielen Anstrengungen im Leben
müsste es eine bessere Belohnung geben,
als nur Geld und Anerkennung eben!

*

Im Scheine des hellsten Lichts
und erfolgsverwöhnten Angesichts:
Hohe Erwartungen führen ins Nichts!

*

Unseres Lebens erfüllte Momente
wären die geeigneten Zemente
für weitere Friedens-Kontingente.

*

Utilitarisierung von Lebenssinn-Fragen
kommt durch Genuss nicht zum Tragen.
Man sollte lieber echte Liebe wagen!

*

Jeder hat seinen gesellschaftlichen „Habitus",
mit dem er lebt und in dem er handeln muss,
ob Adliger, Intelektueller, Bürger oder Genius.

*

Zu Beginn eines jeden Jahres die gleiche Prozedur,

wieder ist man neuen guten Vorsätzen auf der Spur,

zur weiteren Selbstoptimierung und Selbstkorrektur.

*

Als Freiheitssuchender ist man oft allein,

kann auch mal länger arbeitslos sein,

aber das ränkt sich zumeist wieder ein.

*

Unsere Trägheit zementiert uns in dem Alten,

statt dass wir immer wieder Neues gestalten,

sondern resignierend unsere Hände falten.

*

Die Lichter der Großstadt verdeutlichen die Gigantomanie.

Sie offenbaren eine Fülle, gleich einer pulsenden Melodie,

von Geschäftigkeit, gepaart mit sinnlicher Melancholie.

*

Die Klugen, Besonnenen und Rücksichtsvollen

weichen Wichtigtuern und selbstherrlich Tollen,

die uns als banale Egomanen regieren wollen.

*

„Arschlings" heißt „nach hinten hin",
erklärte einst der Herr Karl Valentin,
einer der bekanntesten Komödianten.

*

Gib dem Menschen eine kleine Prise Macht,
und sein Charakter wird an die Oberfläche gebracht,
der mitunter auch viel Unheil entfacht!

*

Am Ende zählen nur die Taten -
nicht, was die Träume uns raten,
die uns um Phantasien baten.

*

Aufgeben kannst du Briefe bei der Post!
Im Leben aber trenne dich von dem Rost:
Es ist wunderschön, trotz schmaler Kost!

*

„Was nicht sein darf, das nicht sein kann!",
sagen ignorierend manch´ Frau und Mann,
sich nicht rechtfertigen zu wollen sodann.

*

Das Leben braucht seine positiven Schlaglichter,

denn es gibt so viele interessante Welt-Gesichter,

ehe das Ende schlägt, durch den Großen Richter.

*

Auch wenn bisher kaum dinge gelangen,

es ist nie zu spät, ganz neu anzufangen,

ohne vor unsicherer Zukunft zu bangen.

*

Erwidert zum Dank einmal dir

leicht abwinkend:"Da nicht für!",

war ihm die Gefälligkeit ein Plaisir.

*

Zeitungsleser sind täglich informiert,

was auf der ganzen Welt passiert;

wobei mitunter schon das Blut gefriert!

*

Mit bloßem Gerede und Lamentieren

lässt sich nichts Großes konstruieren;

man muss es auch gekonnt realisieren!

*

Wer zweifelt, ist niemals allein,

denn Vielen fallen Probleme ein:

Keiner will verantwortlich sein!

*

Was dir heute sehr leicht gemacht,

sich später oft als Nachteil entfacht,

an das vorher kein Mensch gedacht.

*

Die Segen des Guten kennen wir kaum,

es sei denn, in einem nächtlichen Traum;

erfahren aber vom Bösen den Abschaum.

*

Glückwünsche und viele weitere Jahre,

Zufriedenheit, nur positive Kommentare

Sowie Gesundheit, das wirklich Wahre!

*

Menschen sitzen, liegen, stehen.

Am wichtigsten aber ist das Gehen,

damit sie viele schöne Dinge sehen!

*

Fühle dich, als lebtest du im Paradies,

genieße zu Leben, sei fröhlich überdies,

in den Welten, die man uns hinterließ!

*

Reifes Leben schaut auf Erinnerungen

wie auf Ziele, die schwer errungen;

Vieles ist aber auch längst verklungen.

*

Die alte Blut-und-Boden-Ideologie

stand im Gegensatz zur Technokratie,

die den Menschen Wohlstand verlieh.

*

Wer im Winter ins Eiswasser springt,

von den höchsten Bergen herab winkt,

ist einer, dem ein gutes Leben gelingt!

*

Auf festen Schienen sind die Wege definiert!

Leitlinien ermöglichen, dass sich keiner verliert.

Nur der von alledem Freie vagabundiert!

*

Ein gesundes Alter von fünfundvierzig Jahren

zählt unter Menschen zum maximal Wahren:

über halbvolle Gläser ist man sich im Klaren.

*

Kaum etwas ist viel schlimmer zu ertragen,

als wenn sich Unbedarfte einzumischen wagen,

vor allem, wenn sie kritisieren und klagen!

*

Leserbriefe gleichen oft mitleidsvollen Seelen-Toiletten

von üblen Querulanten oder zänkischen Suffragetten,

die sich angemessener am Bier-Tresen geäußert hätten.

*

Gibst du viel, wirst du ein einflussreicher Typ!

Selbst wenn dir nicht mehr allzu viel übrig blieb,

hast du viel mehr, als einer mit Raffgier-Trieb!

*

Wer gibt, empfängt wie eine Blüte

in dem ewigen „Kreislauf der Güte",

auf den man Acht gebe und behüte!

*

Durch die Kraft von positivem Denken,

können wir auch unser Befinden lenken,

uns Wohl und Gesundheit schenken!

*

Aller Schmerz und alles Leid

rührt von der Verwegenheit

übler Menschen im Streit!

*

Nur mit Geben, dass andere Empfangen,

kannst du zu deiner Seligkeit gelangen!

Alle anderen packen Pein und Bangen.

*

Menschen, die nur sich und Reichtum lieben,

sind lieblos und ohne Beherrschung geblieben,

denn Güte haben sie aus sich heraus getrieben!

*

Menschen, die sich als Frömmler geben,

aber nach Macht, Ruhm und Güter streben,

treffen sich auf den Irrwegen im Leben.

*

Trauer braucht seine Zeit!

Aber irgendwann ist es soweit,

da ersetzt sie anderes Geleit!

*

Die wirklich allererste Zigarette

rauche man in der Nähe einer Toilette,

selbst wenn man sie nicht nötig hätte!

*

Man sagt: „Ordnung sei das halbe Leben!"

Aber sollte man krampfhaft danach streben?

Es muss doch noch andere Lebensträume geben.

*

Mann und Frau passen einfach nicht zusammen,

denn nach ersten Leidenschaften und heißen Flammen

folgen meist Leid und ernste Schrammen.

*

Genieße dein Leben solange es geht.

Wenn erst der Wind über deinem Grabe weht,

ist es definitiv zu spät!

*

V. GESUNDHEIT

Finde dein Gleichgewicht,

und spiele mit dir nicht:

Extreme stehen nur wenigen zu Gesicht!

*

Eine gute durchgeschlafene und erholsame Nacht

hat schon manchen zum Power-Menschen gemacht,

ihn mit Resilienz, Kraft und Ausdauer bedacht.

*

Leiden Menschen unter einer Sucht,

so sei sie nicht gleich verflucht,

bevor man die Heilung versucht.

*

Gesundheit, Erfolg und Glück

sind Teile von einem Stück.

Auf die schau´ nicht nur zurück!

*

Patienten prüfen den Blutdruck jeden Tag,
ob er nicht über 140 zu 90 Millibar lag,
sondern bei einem niedrigeren Betrag.

*

Geht ein Wanderer für sich allein,
wird er mit Allem im Einklang sein.
Es sei denn, es lahmt ein Bein.

*

Vitamine, Vitamine, Vitamine:
Am besten aus der Terrine,
frisch zubereitet mit Margarine.

*

Bewegung, gutes Essen und beste Laune,
nimm das Leben leicht, wie eine Daune
und breche nichts Extremes vom Zaune!

*

Schlägt dich einmal des Lebens Rute
und in dir kocht siedend heiß das Blute,
gönne dir einfach mal eine ruhige Minute!

*

Freue dich des Lebens jeden Tag,

auch wenn nicht alles klappen mag:

Das Glück kommt auf einen Schlag!

*

Beachtest du auch alle Gesundheitsregeln,

glaubst, sicher auf die Hundert hin zu segeln,

können dich „Peanuts" aus dem Leben kegeln.

*

Gesundheit heißt: Fehlen von Krankheit.

Oder man war doch noch so gescheit

und hatte für Arztbesuche noch keine Zeit.

*

Starb ein Mensch früher schon mit sechzig Jahren,

wird man ihn heute erst mit über achtzig aufbahren.

Daher sollte man sich vor Medizin-Kritik verwahren.

*

Bist du des Nachts nervös geworden,

weil wilde Träume in dir überborden,

schlafe ab heute in Richtung Norden!

*

Was intellektuelle Tätigkeiten verhüten,

kann dir ein lauterer Humor bieten,

aber nur schwerlich lässt er sich mieten.

*

Jeder trägt in sich eine Akribie

für eine kraftvolle Lebensenergie!

Das vergiss doch, bitte nie!

*

Gesundheit und Selbstzufriedenheit

vermeiden Unruhen, Zank und Streit,

denn alles nimmt man mit Gelassenheit.

*

Wer des Nachts nicht gut schlafen kann,

gewöhne sich einen festen Rhythmus an,

sowie einen bewegungsreichen Tagesplan.

*

Wenn Kinder schon morgens vor dem Fernseher sitzen

und die unruhigen Flackerlichter in ihre Augen blitzen,

müssen sie ihre jungen Augen besonders gut schützen!

*

Wenn du nichts mehr in dir spürst,

wenn du nicht mehr an Neuem rührst,

ist es Zeit, dass du dich zurückführst.

*

Gesundheit ist ein so hohes Gut,

verspiel es nicht durch Übermut,

hast du auch noch so heißes Blut!

*

Suche dir einen Masterplan,

fange ein neues Leben an,

aber setze dich in Ruhe dran!

*

Schwarze Katzen bringen Glück!

Aber „Schwarzer Kater" im Schlück´

bringt dir die Gelassenheit zurück.

*

Ist dein Darm gesund, fühlst du dich wohl,

auch ohne Schokolade, Kuchen oder Alkohol,

mit Ballaststoffen aus Kresse und Rosenkohl.

*

Trinke reichlich Wasser, verteilt über den Tag,

auch wenn man zuweilen gar nicht trinken mag!

Sonst nicht über Blasen- und Nierensteine klag´!

*

Angenehme Musik lindert den Stress,

macht bösen Gedanken kurzen Prozess,

nimmt sie vorübergehend in Regress.

*

Was hat die Medizin uns für Segen gebracht!

Bei Rückschlägen ist man dessen unbedacht,

indem man großen Rummel drum herum macht.

*

Wenn wir zusammen gemeinsam Schunkeln

und unser aller Augen vor Freude funkeln,

genießen wir die Stunden auch im Dunkeln.

*

Gegen die Hektik der Smartphone-Zeit

helfen nur Abschalten und Gelassenheit,

sonst sind Stress und Burnout nicht weit!

*

Wer meint, er könne sich mit Drogen betäuben,
muss sich hinterher vor lauter Ekel schnäuben,
und sollte sich vor weiterem Gebrauch sträuben!

*

Gesang, Tanz und Spiele entspannen die Seele,
finstere Gedanken verschwinden in einer Höhle,
ohne das der Alkohol durchfließt durch die Kehle.

*

Bei Halsschmerzen hilft das Gurgeln mit Salbei:
Nach drei Durchgängen ist der Hals schon frei,
als wäre es es dank der Naturkräfte Hexerei!

*

Bei einer Pandemie hilft: Ruhe behalten,
seinen Tagesablauf kreativ zu gestalten,
und lasse alle gebotene Vorsicht walten!

*

Folgt erneut der Aufruf zur Blutspende,
merke man sich den Termin behände:
Dort helfen ehrenamtliche Verbände!

*

Was man allzu leicht vergisst:

Wie wichtig die Gesundheit ist -

Bis man sie plötzlich vermisst!

*

Blutspenden sind für fast jeden von Vorteil:

Verletzte finden bei Operationen ihr Heil

und Spendern wird Bluterneuerung zuteil.

*

Viele tapfere, gesunde Blutspender,

unabhängig von Rasse und Gender,

retten Menschenleben vieler Länder.

*

Was ich dir zu wünschen wage:

Gesundheit, Glück, frohe Tage;

bleibe aktiv in jeder Lebenslage!

*

Wenn du Pflanzen, Bäume, Blumen magst,

weiß ich, dass du nicht nur nach Muße fragst,

sondern mit üppiger Gartenarbeit richtig lagst.

*

Mit einer hohen Gartenhecke

liegt dein Anwesen im Verstecke;

nur die Sonne schaut in jede Ecke.

*

Soziale Unterstützung mindert den Stress!

Verhält sich der Kollege wie eine Hostess,

überstehen Redner den größten Kongress.

*

Bange Gefühle belasten durch Dis-Stress

auch den körperlichen Wachstums-Prozess

und nehmen gesundheitlich Regress!

*

Autonomie ist eine spezielle persönliche Macht!

Von Bewältigungs-Strategien einst entfacht,

hat sie nach heiklen Lagen Resilienz gebracht.

*

Stress-Symptome folgen einer Bewertung,

je nach individueller Erfahrungs-Abhärtung

durch schwere Lebens- und Berufs-Belastung.

*

Permanente Vorwürfe machen depressiv,

mit Herz-Kreislauf-Erkrankungen inklusiv.

Selbst die Gene ändern sich dabei intensiv!

*

Die Wechselwirkungen von Körper, Seele und Geist

verleihen dem Menschen, der innere Stärke aufweist,

eine gute Gesundheit, die nicht so schnell entgleist.

*

Das Spurenelement Eisen ist ein Stimmungsheber,

für Blut und Muskeln ein wichtiger Funktionsgeber!

Sehr viel davon findet man in der Schweineleber.

*

Der Sommer kommt, die Grill-Saison beginnt,

in der man gemeinsam wieder Freude gewinnt,

wenn Freunde und Nachbarn beisammen sind.

*

Kannst du das Rauchen je vermeiden,

ersparst du dir gar manches Leiden,

lebst finanziell auch recht bescheiden.

*

Kannst du dich nicht für Margarine entscheiden,

lässt sich Butter auch mit Leinöl meiden

und musst nicht unter Arteriosklerose leiden.

*

Bei der Attacke von üblen Schadviren

können wir unsere Gesundheit verlieren,

vielleicht sogar ganz schnell krepieren!

*

Mache es die nicht allzu bequem

mit deinem Körper-Immunsystem!

Sonst hast du ein Infektions-Problem!

*

Scheint dir die Sonne auf die Stirn

und erweicht nicht gar das Gehirn,

ist dein Vitamin D-Gehalt wieder firn.

*

Wenn wieder einmal krank machende Viren

gefährlich durch die Räume schwadronieren,

sind Raumlüftung und Filter zu installieren!

*

VI. BEWEGUNG

Wie man vom Marathonwunder Emil Zatopek vernimmt,

ist der Menschen von Anfang an zum Laufen bestimmt,

so wie der Vogel eben fliegt und der Fisch schwimmt.

*

Bewegung benötigt man jeden lieben Tag,

selbst wenn man lieber liegen bleiben mag:

Spazierengehen wäre ein guter Vorschlag!

*

Bewegung tut deinem Körper gut,

durchströmt dich mit frischem Blut,

schenkt dir Kraft und frischen Mut!

*

Wie aromatisch riechen die Düfte in den Wäldern,

die frische , saubere Luft über den weiten Feldern?

Wanderfreuden, die unbezahlbar sind in Geldern!

*

Man muss gar nicht so schwer darüber walten,

seine täglichen zehntausend Schritte einzuhalten,

kann man seine Route durch den Wald gestalten.

*

Um die höchsten Bergspitzen zu erklimmen,

muss man den Körper ordentlich trimmen.

Kondition und Ausrüstung müssen stimmen!

*

Ich brauche kein Hochleistungssportler zu sein,

wenn ich mich bewege, in meinem Sportverein.

Dabei breche ich mir weder Hals noch Bein!

*

Kämpfen Sportler wieder um neue Siege,

alleine oder gemeinsam in einer Riege,

läuft das zumeist fair ab, ohne Intrige.

*

Nimm dir jeden Tag einen Spaziergang vor,

radle zum Metzger, Frisör und zum Konditor,

nutze Treppen, fahre nie mit dem Lift empor!

*

Bei den Zeitungen trenne ich den Sportteil heraus,

denn Sport kommt mir nur in aktiver Form ins Haus.

Meldungen über Profi-Millionäre sind mir ein Graus.

*

Da läuft der Kenianer Eluid Kipchoge den Marathon

in einer sagenhaften Zeit unter zwei Stunden davon:

Das ist mal wirklich eine Top-Weltsport-Sensation!

*

Der dritte Triathlon-Sieg auf Hawaii

bricht den Jan Frodeno nicht entzwei,

im nächsten Jahr ist er wieder dabei.

*

„Im gesunden Körper wohnt auch ein gesunder Geist",

weil sich beides bedingt, wie zusammengeschweißt.

In der Praxis findet man das bestätigt, zumindest meist.

*

Es muss nicht gleich der Triathlon sein.

Sport treibt man regelmäßig im Verein,

das ist verträglicher, als verbissen allein.

*

Gut eine Stunde vor dem Sport

lässt du tunlichst das Essen fort:

Bei vollem Magen wäre das Mord!

*

Wenn ich mich auf inneren Befehl,

ab und zu mal mit Gymnastik quäl´,

werd´ ich noch lange kein Chippendale.

*

Siehst du aus, wie ein durchtrainierter Chippendale,

gehst du mit einer offenen Bewunderung nicht fehl,

und bekommst vielleicht jede Minute ein Liebes-Mail.

*

Als Freund von Alltagsbewegungs-Sport,

trainiere ich an jedem beliebigen Ort

und ziehe mit vielfältigen Übungen fort.

*

Besonders im Herbst ist das Wandern eine Lust:

Würzig, frische Atemluft dringt in meine Brust,

vertreibt alle Sorgen, Kummer, Leid und Frust.

*

Die Weite großer Wäldern und Flur

verleiht tiefe Ehrfurcht vor der Natur.

Das Wandern in ihr ist wie eine Kur.

*

Eine Bake gleitet leise und oft wunderschön,

doch mit Motorboot kann es schneller geh´n.

Das müssen auch die Romantiker einseh´n!

*

Ein 42,2 km-Marathonlauf ist ein langes Projekt,

in dem viel Training und Vorbereitung steckt,

die sich über Strategie und Ernährung erstreckt.

*

In Sportvereinen wird Leistungs- und Breitensport betrieben.

Dem hatten sich einst nur Ehrenamts-Trainer verschrieben.

Heute verfällt das Ehrenamt bei der Jugend nach Belieben.

*

Im Sportcenter professionell zu trainieren,

wollen viele aus Geselligkeit ausprobieren.

Nur müssen sie das auch recht honorieren!

*

Ein Marathon ist eine Frage der Präparation:

Einige Kilometer-Hunderter bedarf es schon.

Aber das Durchhalte-Gefühl ist extremer Lohn!

*

Ohne die vielen Helfer läuft kein Marathon!

Das wussten die alten Griechen 490 schon,

denn Eukles kam nicht mit dem Leben davon!

*

Bewegung ist die Basis der Gesundheit!

Sie täglich zu praktizieren eine Kleinigkeit.

TV und PC-Spiele sind weniger gescheit!

*

Soweit dich auch deine Füße tragen,

gutes Schuhwerk beantwortet alle Fragen,

ohne jegliche Fußprobleme zu wagen.

*

Schwimmen ist ein sehr gesunder Sport,

denn er schafft die Verspannungen fort,

und erfrischt im Sommer direkt vor Ort.

*

Bei Tennis, Golf und anderen Hauruck-Sportarten,

muss man nicht lange auf den Verschleiß warten,

aber nur schwer schaut man in die Krankenkarten.

*

Zu jeder Zeit mit den Hunden „Gassi" gehen,

in brütender Hitze oder starkem Regen stehen,

halt fit, gesund, und mache Sorgen verwehen.

*

Als Gerätetaucher schwebst du über diversen Korallen,

über bunten Fischen und Schwärmen, die dir gefallen,

aber wenn`s übel kommt, gerätst du unter Feuerquallen.

*

Bewegung, Koordination und Kraft;

vor allem sei man ausdauerhaft,

weil man nur so Gesundsein schafft.

*

Das Deutsche Sportabzeichen

kann jeder Bürger gut erreichen,

um nicht der Fitness auszuweichen.

*

Du kannst nicht so weit hüpfen wie ein Känguru,

auch dem Rennen eines Geparde schaust du zu!

Die Dynamik des Menschen ist wie ein alter Schuh!

*

Der Erfolg großer Sportler kommt von innen,

in seiner Leidenschaft ist er gar von Sinnen,

möchte das Training jeden Tag neu beginnen.

*

Wichtiger als ein bejubelter Spitzensportler zu sein,

ist für Breitensportler der Bewegungs-Spaß allein,

denn schon manches Ass brach sich Hals und Bein.

*

Frohen Mutes wandere ich durch den Herbst:

„Du grüner Wald, wie schön du dich färbst,

und den Boden mit unzähligen Blättern gerbst."

*

Ist das Wetter nass oder trocken,

kann es den Passionierten locken,

durch die schöne Natur zu joggen.

*

Ist man bei langer Wanderschaft auf Beinen,

widme man sich auch den Pflanzen und Steinen,

und achte auf Hunde an ihren langen Leinen.

*

Der tägliche Einkauf mit dem Fahrrad

gibt Kondition, setzt nicht so schnell matt,

wobei es auch etwas Regelmäßiges hat.

*

Des Menschen sportliche Gestalt

unterstreicht sein tolles Image halt

und lässt keinen Genosse/in kalt!

*

VII. ERNÄHRUNG

Iss gut, aber speise nicht zu reichlich,

schaffe gemach, aber werde nicht weichlich!

Will dir einer zu arg, dann schleich dich!

*

Gutes Essen und reichlich Trinken,

lässt in dir die gute Laune winken,

auch wenn die Kräfte zunächst sinken.

*

Isst man für sein Leben gerne Schokolade,

spürt man den Genuss wie eine Liebesballade.

Ihr schnelles Ende empfindet man als „schade".

*

Essen und Trinken hält Leib und Seele zusammen;

da kannst du deine Fülle noch so sehr verdammen,

eine dralle Liebste wird sich für dich entflammen.

*

Stehen Fleisch und fette Wurst auf dem Index,

ganz entgegen deinem eigenen Speise-Kodex,

überprüfe erst das Befinden und Spaß beim Sex.

*

Holst du dir dein spezielles Wohlbefinden ins Haus

und leerste eine ganze Schüssel mit Erdbeereis aus,

sei froh, macht der der Magen dir nachts kein Garaus.

*

Essen als Kultur oder Unkultur

Ist keine Persönliche Prozedur,

sondern Gesunderhaltungs-Kur.

*

Schaue einmal, was Landfrauen kochen!

Derartige Aromen hast du nie gerochen,

auch geschmacklich ist nichts zu viel versprochen!

*

Auf dem Oktoberfest fließt das Bier in Strömen,

die besten Germknödel kommen aus Böhmen,

aber echte Hamburger stehen zu ihren Kömen.

*

Kürbisse kann man essen und beschnitzen,
besonders grausame Gesichter einritzen,
die zu Halloween beleuchtet im Garten sitzen.

*

Putenbrust, Entenkeule und Gänseleber
geben dir die Kraft von einem Wagenheber,
der funktioniert selbst bei Schneegestöber.

*

Gemüse und nochmals Gemüse
gehört in jede gute Kombüse,
gesund für jede Zelle und Drüse.

*

Wir sollten öfters nicht vergessen,
Fleischkonsum knapp zu bemessen,
und mehr Obst und Gemüse essen.

*

Findest du im Wald riesengroße Pilze,
sind sie wurmstichig und keiner will se.
Nur das hungrige Wildschwein killt se.

*

7 Tonnen CO2 gehen zu Lasten der Fleischesser.

Die Mischköstler sind da um zwei Drittel besser.

Fehlt nur noch persönliche Pflicht für CO2-Messer.

*

Wir essen jährlich 60 Millionen Schweine,

aber Hunde, wie Chinesen, essen wir keine.

Nur Rindern und Schafen machen wir Beine.

*

Der Einkauf im Supermarkt wird oft zur leidvollen Qual:

Zum einen wegen der unübersehbaren Produkt-Auswahl,

zum anderen durchquert man suchend die Regale zig-mal.

*

Mit einem Nahrungsergänzungsmittel

Ist man der Pharma-Industrie armer Büttel,

die man am besten damit abschüttelt!

*

Hamburger mit Pommes, saftige Curry-Wurst,

dazu eine süße Cola gegen den Essensdurst,

ist nicht gerade das, was auf Seminaren kurst.

*

Lasse mich doch noch diesen Kuchen essen!

Ab morgen will ich wieder Kalorien messen

und alles Süße für eine kurze Zeit vergessen.

*

Verwirf nicht das Essen vergangener Tage:

Mache dir ein deftiges MO-DI-MI-Gelage!

Nur mit was garniert? Bleibt noch die Frage.

*

Hast du wieder reichlich gut gegessen,

solltest du ein Schläfchen nicht vergessen,

aber nur eine halbe Stunde bemessen.

*

Essen verbindet den Leib mit deiner Seele.

Wurde dein Leib schon zu einer großen Höhle,

siehe zu, dass dir keine die Seele stehle!

*

Mit Haselnüssen kannst du Eichhörnchen locken.

Aber auch ich mag sie, als Haselnuss-Flocken.

Als Nussecken verspeise ich davon viele Brocken.

*

Nach einem deftigen Essen trinken wir einen RAMAZZOTTI:

Ein wohliges Gefühl durchströmt gleich den ganzen Body

so angenehm, wie Opernlieder von LUCIANO PAVAROTTI.

*

Ob Riesling oder Grauburgunder:

Weine sind die wahren Wunder,

ob für Weinkenner oder Erkunder!

*

Prädikatsweine aus Deutschem Lande,

heilsame Tropfen mit goldenem Bande,

sonnengereift auf fruchtbarem Sande!

*

Was ist der Grund, weshalb Veggie boomt?

Weil alles auf die CO_2-Einsparung zoomt?

Nur die leidige Fleisch-Industrie, die brummt.

*

Kasseler Fleisch und Schwarzwälder Schinken,

können dir auf der ganzen Welt entgegen winken,

und der Wettbewerb lässt die Preise sinken!

*

Weißmehl-, Misch- oder Vollkornbrot
bringen dein Hungergefühl ins Lot.
Aber Vollkorn ist das beste Angebot!

*

Hast du einmal „Nouvelle Cuisine" gegessen,
und bist danach noch hungrig dagesessen,
hast du die Menüs nicht mit Augen bemessen.

*

Fischgerichte munden übers ganze lange Jahr,
bieten überaus vielseitige Variationen dar,
sind dazu gesund und schmecken wunderbar.

*

Wie viel Quecksilber und Mikroplastik
enthält jeder Fisch im servierten Stück?
Ich hoffe, Behörden haben das im Blick!

*

Am einfallreichsten ist man, wie ich schwör´,
nach ein oder zwei vollen Gläschen Eierlikör,
aber auf gar keinen Fall ein Gläschen mehr!

*

Zu Fisch mundet ein trockener weißer Wein.

Er sollte schon von „Mosel-Saar-Ruwer" sein,

denn dort steigt das fruchtigste Aroma hinein!

*

Willst du originales „Griechische Moussaka" zubereiten,

musst du zu Kartoffeln, Auberginen, Hack und Käse schreiten

und mit diversen Gewürzen in eine Auflaufform ausbreiten.

*

Kocht man Marmelade am heimischen Herd,

macht man es meistens ganz verkehrt:

weil Aroma entweicht, verliert sie an Wert!

*

Marmeladen-Brötchen zum Frühstück

ist meines ganzen langen Tages Glück,

den ich mit einigem Obst überbrück´.

*

Am Aschermittwoch beginnt die Fastenzeit,

mit traditionellem Heringsessen zum Geleit,

Fleischwaren sind jetzt unerreichbar weit!

*

Ganz fleischlos zu leben, ist wie eine Kriegserklärung
und erntet besonders bei Männern große Empörung.
Ein guter Kompromiss wäre eine Mischverzehrung!

*

„Paleo-Ernährung" ist wieder ein Essens-Trend:
Sich ernähren, wie man´s aus der Steinzeit kennt,
und sich von Bohnen, Zucker und Milch abwend´.

*

Schokolade esse ich für mein Leben gern,
aber auch Marzipan liegt mir nicht fern:
Beide Leckereien genoss ich erst gestern!

*

Eines der wertvollsten Gemüsen sind Tomaten,
ob in Natur, konzentriert oder leicht angebraten,
auch wegen der Krebs-Abwehr sind sie angeraten.

*

Die Saat gedeiht mit Kalium,
Phosphat sowie Ammonium,
doch nimmt Ungeziefer krumm.

*

Ist der Ackerboden erst völlig ausgelaugt,

dass er nicht einmal für Viehzucht taugt,

ist es der Makler, der daraus Honig saugt.

*

Fettlösliche A-Vitamine, wasserlösliche B-Vitamine,

beides versorgt uns bei täglicher Essens-Routine.

Bei Diäten ist es zweifelhaft, ob man alle bediene.

*

Was haben die Menschen einst um Salz gekämpft,

was heute jeder Mediziner und Apotheker dämpft,

aber mancher Fernsehkoch wieder schön besänft´.

*

Schnell einen Hamburger, eine Pizza gegessen!

Jetzt halten das Ärzte für äußerst vermessen,

denn man soll Kohlenhydrate möglichst vergessen.

*

Um die süße Weihnachtszeit mit Stollen,

heißt es, dass wir Zucker vermeiden sollen,

was wir aber nur über unser Diabetes wollen!

*

Das ständige Essen im Gasthaus
hält ein Reisender nicht lange aus,
sehnt sich nach heimischem Schmaus.

*

Eine alte Kneipe mit schalem Bier
verleidet einem das ganze Revier,
es sei denn, die Wirtin ist nett zu mir!

*

Restaurants, die Seniorenteller bieten, sind knapp,
weshalb ich mir vorher immer ´ne Glasbox schnapp´,
so fällt am nächsten Tag eine zweite Mahlzeit ab!

*

Deftige Erbsensuppe aus der Gulasch-Kanone
schmeckt sagenhaft und ist gar nicht mal so ohne,
denn sie enthält viel Gemüse, aber keine Bohne!

*

Marzipan - oh, mein Marzipan,
das schmeckt, oh Mann-o-Mann,
von dem ich nicht lassen kann.

*

Die Wespen lockt im freien der Frühstückstisch,

doch sie stören die Speisenden ganz drastisch,

weshalb ich mich mit der Fliegenklatsche einmisch´.

*

Macht nun das Fett oder der Zucker dick?

Beides wegzulassen, habe ich kein Geschick,

denn nichts geht über ein Sahnetorten-Stück!

*

Das Schnitzel im Gasthaus „Zum Riesen"

ist nirgends so riesengroß, wie in diesem.

Dabei wird es nicht mal groß angepriesen!

*

Bietet ein Gasthaus kein Senioren-Gericht,

halbieren den randvollen Teller halt schlicht,

so verhungerst du am Folgetag bestimmt nicht!

*

Backst du einen Schwarzwälder Kirschkuchen,

musst du das rechte Kirschwasser suchen,

am besten auch einen Spezial-Kursus buchen!

*

Zucker und das einst teure Salz,

so vor hundert Jahren galt´s,

heute kommt´s aus dem Hals!

*

Wer Fisch ohne Quecksilber essen will,

verzichtet oft auf Hochseefisch und Krill,

zudem laufen die Fangtrawler im Overkill!

*

Schon in des schönen Morgens Früh´

freue ich mich auf das Abend-Menu:

es gibt mein geliebtes Käse-Fondue.

*

Gesund soll ich mich ernähren,

der Bio-Kost Vorzug gewähren:

Einfach irre, die vielen Lehren!

*

Esse vegetarisch, vegan, Diät oder auch nicht:

Einfach gut schmecken soll dir das Gericht,

ohne dass dir dabei etwas aus der Krone bricht.

*

Erbsensuppe aus der Konservendose,

ergänzt durch ein paar Dinge lose –

und schon fertig ist die Mittags-Chose!

*

Kartoffel-Scheiben, in Öl gebraten,

ergänzt mit Zwiebeln und Saaten,

ist für eine Mahlzeit stets anzuraten.

*

Mit einem ganz speziellen Kartoffelsalat

macht man am Tisch immer „großen Staat",

vor allem mit Mayonnaise und Pinien-Saat.

*

Für den Abend der Heiligen Nacht,

nach der festlichen Kirchen-Andacht,

hat Mutter wieder Labskaus gemacht.

*

Der Sommelier ist in den Wein-Kellern zuhaus´,

kredenzt Weine lediglich guten Winzer-Anbaus,

kennt sich aber auch mit anderen Getränken aus.

*

Ein wahrer Gourmet speist mit allen Sinnen,
nimmt sich Zeit, mit dem Gang zu beginnen,
denn er will maximalen Genuss gewinnen.

*

Die Güte der Weine aus Rhein-Hessen
kann kaum ein Sommelier ermessen,
vor allem aber niemals je vergessen!

*

Die frischen Mosel-Saar-Ruwer-Weine
helfen auch dem Lahmsten auf die Beine,
auf dass er vor Seligkeit freudig weine!

*

Im Sommer ein Zuviel an Regen
macht den Winzer arg verlegen,
der vielen Trauben-Zukäufe wegen.

*

Angemessene Sonne und Regen
bereiten Winzern großen Segen,
die sehr exquisite Weine pflegen.

*

Eine kleine Privat-Brauerei

bietet Bier-Freunden vielerlei,

auch Spezialitäten sind dabei!

*

Mocca, Espresso, Cappuccino, Michkaffee

oder lieber Schwarzer- oder Grüner- Tee?

Was rät dir ein guter Getränke-Sommelier?

*

Fleisch und Wurst soll ich vom Teller lassen,

Dessert, Süßigkeiten für mein Leben hassen?

Das könnte der Nachhaltigkeit so passen!

*

Pfefferkuchen-Herz und heißer Glühwein

müssen auf Weihnachtsmärkten dabei sein!

Sie läuten die passende Advents-Stimmung ein.

*

Am Essenstisch pflegen wir den Brauch:

Über alle Speisen kommt Schnittlauch,

ebenso wie andere Küchengewürze auch.

*

Bei Schnupfen und Grippe wird unverhohlen
ein großer Teller Hühnersuppe empfohlen;
und schon hat sich das Übel davongestohlen!

*

Die Veganer zelebrieren schon fast eine Religion,
mit ihren Gemüsen und Kräutern aus der Region.
Auf jeden Fall leben sie weise und gesund davon.

*

„Was bringe ich bloß heute wieder auf den Tisch?"
fragt sich die verantwortungsvolle Hausfrau kritisch.
„Vielleicht zaubert man mal ein Mo-Di-Mi-Gemisch!"

*

Ein Glas Schnaps ist nicht genug,
es sei denn, man wäre auf Entzug.
Dann wäre schon ein Glas unklug!

*

Ein Hafer-Gemüse-Bratling
mit Kräuterquark und Pfifferling
ist ein köstliches Speise-Ding!

*

Das wissen doch alle Madeln:

mit ein paar Rosmarin-Nadeln,

lassen sich die Kartoffeln adeln!

*

Pudding ist der dunklen Tage helles Licht,

denn Vanille-Pudding ist mein Leibgericht;

den verweigere ich ganz und gar nicht!

*

Bratkartoffel könnte ich zu jeder Mahlzeit essen,

reichlich mit Öl, Zwiebeln und Speck bemessen:

eine Köstlichkeit – herzhaft und unvergessen!

*

Wie wir uns am besten ernähren müssen,

zählte laut Bibel schon zu Moses´ Wissen:

mit Obst, Gemüse, Getreide und Nüssen.

*

Trinke einen Wodka nur auf ex,

der vielen üblen Viren zwecks,

aber des Leber-Wohlen Schrecks!

*

An der See reizt so manches Fisch-Restaurant

oder einfach das Lachs-Brötchen auf der Hand

wie auch andere Spezialitäten von der Waterkant.

*

Ein kräftiger Mojito in der Hemingway-Bar,

in Swinemünde, Havanna oder auf Sansibar,

öffnet das Herz, macht die Gedanken klar.

*

Soll ich früh oder später frühstücken,

die Zeit mit einem zweiten überbrücken,

zur Vermeidung von Sättigungslücken?

*

Elegant geht es im Grand-Hotel zum Abend-Buffet,

besonders schick die Damen-Garderoben, wie ich seh´.

Die Herren schauen baucheinziehend auf das Defilee.

*

Wer meint, Erkältung mit Schnaps zu bekämpfen,

kann vielleicht manche Viren-Angriffe dämpfen,

aber Vorsicht gegenüber üblen Magenkrämpfen!

*

Immer wieder erscheinen neue unbekannte Viren,

mit denen wir uns die Gesundheit ramponieren

und Gesundheits-Systeme ihre Kontrolle verlieren.

*

Will der Mensch schwere Gebrechen heilen,

strebe er nicht nach künstlichen Ersatzteilen,

die sich nicht mit seinem Fleisch verkeilen!

*

Das schöne Spargel- und das Rhabarber-Essen,

solltest du nach „Johannes" lieber vergessen:

wegen der Oxalsäure aus eigenen Interessen!

*

Als der Markt von Scarborough im Herbst begann,

reisten Bauern und Händler aus ganz Europa heran,

verkauften Petersilie, Salbei, Rosmarin und Thymian.

*

Grünkraut ist der „Frankfurter Grünen Soße" Haupt-Utensilie,

denn frisches Boretsch, Kerbel, Kresse und die Petersilie,

erfreuen mit Pimpinelle, Sauerampfer, Schnittlauch die Familie.

*

Für den Tommy war der Deutsche: „The Kraut".

Denn er hat mit großen Augen staunend geschaut,

wie der eine große Haxe mit Sauerkraut verdaut.

*

Waren die Spaghetti auch noch so lang,

einen Italiener machte das niemals bang´,

weil er sie an der Gabel gedreht verschlang.

*

Frischer Spargel ist ein königliches Gericht!

Aber verspeise ihn nach Johannes nicht,

weil seine Säure „Steinreichtum" verspricht.

*

Lädst du mich ein, zu einer Schale Erdbeeren,

werde ich dir das Wohl dieser Früchte lehren:

Sie werden dir Kraft und Ausdauer bescheren!

*

Weißt du, was einen Kartoffelsalat zur Köstlichkeit macht?

Versetze ihn mit Äpfeln und einer gerösteten Zwiebel-Fracht.

Garniert mit Tomaten, Ei, Petersilie ist das Gericht vollbracht!

*

Hast du schon einmal zauberhafte Bratkartoffeln genossen?

So bereite sie mit Zwiebeln, Speck, Kümmel, Sojasprossen;

serviere sie mit Spiegelei und etwas Majonaise übergossen.

*

Würde ich in einer Schokoladen-Fabrik arbeiten,

täte ich meinen Mahlzeiten mit Pralinen bestreiten,

zudem ab und an tolle Schoko-Torten zubereiten.

*

Weisheit aus der Pfalz:

„Zuviel Zucker und Salz

haltet euch vom Hals!"

*

Anzuraten ist viel Obst und Gemüse,

und auch mal Fleisch in der Kombüse!

Da freuen sich Magen und Zirbeldrüse.

*

Von Lebensmitteln mit vielen Phosphaten

ist ärztlicherseits dringend abzuraten,

weil sie schädlich in die Nieren geraten.

*

Ich huldige den vielen deutschen Bieren,

gehe ich danach auch auf allen Vieren,

wie es sonst nur üblich ist bei Tieren.

*

Wen Menschen schnell vergaßen,

der nie trank Bier aus vollen Maßen,

statt sich damit köstlich zu erspaßen.

*

Bier zu brauen mit Malz aus Gerste

Ist wahrlich nicht das Schwerste,

denn das WIE in Kursen erfähst´ de.

*

Nimm viel Malz und vom dem Hopfen

nur ein paar überschaubare Tropfen,

weil dich die Biertrinker sonst verklopfen.

*

Was jeder Braumeister hat:

Sein festes Bier-Deputat;

Und das reicht ihm so grad´.

*

Als Kraftfahrer rate ich dringend dir:

Trink´ nur das alkoholfreie Bier!

Sonst nimmt dich die Polizei ins Visier.

*

Macht der Bäcker wieder Angebote,

für Berliner, Brezeln, Vollkorn-Brote,

bezog er Mehl zu günstiger Quote.

*

In der Adventszeit gehen die Plätzchen-Bäcker ans Werk,

jeder so emsig, eifrig und beflissen wie ein Wurzel-Zwerg.

So schaffen sie einen riesengroßen bunten Plätzchen-Berg.

*

Schmecken dir auch Schnitzel und Steak,

gehe dem Gemüse nicht aus dem Weg,

denn es ist der reinste Gesundheitsbeleg.

*

VIII. MODE

Mode ist mit Wechsel verbunden!

Das schafft immer wieder Kunden,

ohne dass die Kleidung zerschunden.

*

Passt die Tasche noch zu deinem Kleid,

oder bist du gar Kleid und Tasche leid?

Über Neukauf sind die Geschäfte erfreut.

*

Bekommst du unerwartet Rabatt,

hat das Kaufhaus seine Ware satt.

Frage dich dann: „Durch watt?

*

Läuft man jeder Mode hinterher,

denn alles andere hilft nicht mehr,

erfreut das die Boutiquen sehr.

*

Wer immer mit der neuesten Mode geht,

sollte sich fragen, wie es um ihn steht,

ob sich bei ihm alles richtig herum dreht.

*

Wer immer chic und passend gekleidet,

und nicht gar an Perfektionismus leidet,

selbstbewusst durchs Leben schreitet.

*

Schmuck hat man nie genug,

zu Kleidern, Blusen oder Anzug.

Dezent wirkt er nicht als Trug.

*

Jeder Saison-Schlussverkauf soll dich bewegen,

erneute Einkäufe für die Zukunft zu überlegen.

Im Schnäppchen-Rausch läuft´s dann verwegen.

*

Piercings, Tattoos, Nails und grünes Haar,

machen die Jugend doch recht sonderbar.

Doch auch die Alten folgen dieser Schar.

*

„Kaufe der Hosen drei
aber zahle nur zwei!"
Welch´ Schelmerei!

*

„Im Falle eines Falles:
Dreißig Prozent auf alles!"
sei die Spitze eines Knalles!

*

Die tollsten Fingernägel sind der Hype,
da übertrumpft sich jedes holde Weib,
passend zu Anlass, Kleidung und Leib.

*

Derzeit tragen junge Menschen aufgeschlitzte Kleidung
als käme sie aus einer exotischen Klamotten-Sammlung,
kennzeichnet jedoch die aktuelle zerrissene Stimmung.

*

Wie unterwirft sich ein Mann der Mode?
Ist die derzeit getragene Kleidung marode,
sucht man sich in Boutiquen nicht zu Tode.

*

Willst du einmal ein ganz ausgefallenes Outfit tragen,

kannst du es mit Trachten und Clowns-Kostüm wagen,

wie das ankommt, solltest du mich aber nicht fragen.

*

Schicke Mode kann ich mir als Student nicht leisten,

laufe arg zerlumpt herum, wie die von uns meisten

und gehöre damit unter allen zu den Freiesten.

*

Mit sehr hohen Hacken

sollen die Waden knacken,

als wären sie gebacken.

*

Werden wieder kurze Röcke modern,

sieht man schöne Beine liebend gern,

jedoch keine vom anderen Stern!

*

Mode versucht in jeder Saison neu zu erblühen,

den vergangenen Stilrichtungen zu entfliehen,

um verlockend andere Trends aufzuziehen.

*

Dauer-Trends sind für Mode Gift,

weil Neues wieder auf Altes trifft,

ohne lukrativen Interessen-Shift.

*

Bist du gepierct und stark tätowiert,

fühlst dich zeitgemäß ausstaffiert:

Du wurdest von Narren stigmatisiert!

*

Können gepiercte Menschen überhaupt ermessen,

dass sie sich für andere Leute ins Eklige pressen,

die ihre argen Visagen möglichst schnell vergessen!?

*

Wie sich manche Menschen übel tätowieren,

lässt sanfte Gemüter bis ins Mark gefrieren.

Kaum möglich, dass sich beide mal leieren!

*

Über moderne, zerschlissene Hosen

sowie Gehabe in aufreizenden Posen

können Wirtschafts-Yuppies nur tosen.

*

Sucht der Finanzminister nach weiterer Steuer,

eine für Tattoos und Piercings hätte Feuer.

Aber die Träger sind ihm wohl nicht geheuer.

*

Moden im Gipsy-, Cowboy- oder Folklore-Look,

erwiesen sich nach kurzer Zeit gar als Humbug,

denn heran rauschte schon ein neuer Modezug.

*

Hohe Plateau-Schuhe bleiben lange in Mode,

denn für kleine Leute sind sie niemals marode,

aber das Gehen fordert eine sichere Methode.

*

Ich mache jede neue Mode mit,

ob Flühlings- oder Herbst-Outfit.

So halte ich mit allem Schritt!

*

Diese Mode-Createure sind zu bewundern:

Scheuen nicht vor ausgefallenen Plundern,

die auch irgendwo noch reichlich zundern.

*

Ein arges Grauen für die gesamte Modewelt,
wenn man Jahre lang keine Kleidung bestellt,
weil plötzlich die Nachhaltigkeit so gut gefällt.

*

Wenn wir noch vor wenigen Jahren geglaubt hatten,
Hosen müsste man waschen, stopfen und glätten,
verlören wir das eingesetzte Geld sämtlicher Wetten.

*

Wenn sich die Moden ständig halbjährlich wandeln,
muss es sich um ein sehr gutes Marketing handeln,
denn Kleidung ist nicht so schnell zu verschandeln.

*

Bei dem Modewandel in Farbe, Stil und Stoffen,
kann man nur auf baldige Wiederholung hoffen.
Aber Mode-Designer sind stets für Neues offen!

*

Liebst du Outlet-Center oder Schlussverkauf,
passe besonders auf Qualität und Herkunft auf:
die meiste Ware entstammt einem Sonderlauf!

*

„Fünf Jahre Garantie!" bietet man vollmundig an.

Kommt nach kurzem der Reklamationsfall sodann,

heißt es, dass man Verschleiß nicht garantieren kann.

*

Erstaunlich, was Mode immer wieder kreiert

und dabei auch den totalen Reinfall riskiert,

aber bisher hat es sich immer enorm rentiert!

*

Der exzentrische Modedesigner Rudolf Moshammer,

mir extravaganter Perücke, Hund Daisy und Mama,

war ein Münchner Kind mit sozialem Schickeria-Karma.

*

Jil Sander, Wolfgang Joop und Karl Lagerfeld,

jeder für sich ein Mega-Genius und Designer-Held,

definierten lange Zeit die internationale Modewelt.

*

In den Frühlings-Tagen heißt es abermals:

Trennung von alten Schuhen und Schals,

und welche Krawatte hängt dir aus dem Hals?!

*

Die Nachhaltigkeit in der Kleidung

ist beileibe keine große Zumutung,

sondern Frage der Rahmen-Setzung!

*

Ehepaare haben einen speziellen Kaufhaus-Blick:

Gereizt, mürrisch, mühsam unterdrücktes Gezick´.

Dagegen bietet „Single-Shopping" wahres Glück!

*

Was dem großen Mode-Zar

schon immer anzumerken war,

liegt offen in seinem Szenar.

*

Mode wechselt von lind nach grell,

mal ist sie dunkel, dann wieder hell,

fast wie ein Chamäleon so schnell.

*

Neue Kleider in Pepita oder Streifen

lässt Frauen immer wieder zugreifen,

denn der Mode fehlt das Ausreifen!

*

Der Frühling kommt, der Winter geht:
Ob die alte Frühlings-Mode noch steht?
„Lasst mich shoppen!", sagt man beredt.

*

Gazetten zeigen wieder Star-Getummel,
entfaltet mit eigenem Sternchen-Rummel,
nennen Designer jeglicher Kleider-Fummel.

*

Der Burda-Verlag legte wieder Lunte
für Inhalte seiner Zeitschrift „Bunte",
damit er „Neues" berichten kunnte.

*

Wohl an, du schöne Maien-Zeit,
der Sommer ist jetzt nicht mehr weit,
die neue Strand-Mode liegt bereit!

*

Kreditkarten unterstützen den Kaufrausch,
weil ich nicht auf meine Brieftasche lausch´,
und meinen Frust gegen Klamotten tausch´.

*

Kleidung macht den Mann und die Frau,

das weiß die Haute Couture ganz genau,

egal wie groß, egal welch´ Körperbau!

*

Was man so vom Mode-Outlet kennt

und was sich gut und günstig nennt,

ist oft, was sich vom Original erheblich trennt.

*

Beständigkeit ist nicht der Mode Zier,

auf dass sie immer Neues ausprobier.

Aber Neues ist nicht Jedem schier.

*

Wer sich gehen lässt,

gilt als „underdresst",

verliert auf jedem Fest.

*

IX. URLAUB, FERIEN

Bist du unzufrieden und ausgebrannt,

so reise in ein fernes fremdes Land

und deine Unruhe ist danach gebannt.

*

Zur Seeplatte um die Insel Templin

Fahren wir immer wieder gerne hin,

denn vom Militär ist sie heute clean!

*

Wenn Menschen im Schnellzug vorüberschweben

und sehr bequem sitzend die Landschaften erleben,

möchte manch´ Wanderer ein Tauschgeschäft anstreben.

*

Ostsee oder Mallorca, das ist wieder oft die Frage.

Schnell kommt der Entschluss für Mallorca zutage,

dabei hat der Schwarzwald auch eine schöne Lage.

*

Viele sind begeistert in Traumschiffen zu reisen,

immer wieder zu erstaunlich günstigen Preisen,

und man genießt auf ganz verschiedene Weisen.

*

Wie empfanden wir es früher schön,

von Herberge zu Herberge zu geh´n.

Das kann auch heute noch gescheh´n!

*

Mit Zelt, Caravan oder Campingwagen,

lassen sich schöne Urlaubstage wagen,

von denen Viele nur das Beste sagen.

*

Liebst du im verschneiten Winter das Ski-Karussell,

bevorzugst Schwarze Pisten, bist rasend schnell,

sind die Berge in Österreich die passende Stell´!

*

Bei langen Autofahrten seien Pausen nicht vertagt,

sondern sie alle zwei bis drei Stunden veranschlagt.

Dabei wären auch gymnastische Übungen angesagt!

*

Zu einem heißen Reise-Tipp
wird so mancher Städte-Trip:
informativ, trendy und hip!

*

Soll die Reise mit Niveau geschehen,
lassen sich im ganzen Lande Museen,
Theater, Opern oder Musical ansehen.

*

Auch Abenteuer-Reisen werden gut organisiert,
damit beim Erlebnis nichts Schlimmes passiert,
das aber jeden Teilnehmer überaus interessiert.

*

Bei jungen Menschen sind Sportreisen Favorit.
Sie schleppen Skier, Boards oder Rennräder mit,
halten sich mit Wandern, Surfen oder Tauchen fit.

*

Ob Flugreise, Luxus-Bus oder Eisenbahn,
sicher kommt man an seinem Reiseziel an,
wo sich jeder individuell entspannen kann.

*

Entspanne dich, mach´ mal wieder Urlaub,

wisch dir endlich von der Seele den Staub,

sonst fällst du nieder, wie herbstliches Laub.

*

Urlaub ist die allerschönste Jahreszeit.

Da lebe ich, in den Bergen eingeschneit,

male, schreibe, sehe keinen weit und breit.

*

Leute, die lange Urlaubsreisen wählen,

haben anschließend viel zu erzählen,

zu skypen oder lange Briefe zu mailen.

*

Einem Globetrotter kommt die Welt immer kleiner vor,

weil er die helle Begeisterung für das Fremde verlor,

und Routine, Bekanntes und Übliches kommen empor.

*

Auch in der Heimat lässt sich Aufregendes finden,

ohne gleich in fremde Länder zu entschwinden.

Nur neidvolle Dia-Abende muss man überwinden.

*

Mit der guten Deutschen Eisenbahn,

komme ich meistens pünktlich an,

es sei denn, Wetter ist schuld daran.

*

Im Reise-Koffer sei dabei,

an Persönlichem so allerlei,

vor allem aber die Liebelei!

*

Zum Wandern gibt es kein schlechtes Wetter,

zwar geht es sich bei Sonnenschein netter,

aber Regenkleidung gilt als probater Retter.

*

Welch´ herrlich frischer Duft lässt sich inhalieren,

geht man im herbstlichen Wald spazieren:

Dort lässt sich Raum und Zeit verlieren!

*

Auf der Pilgerreise nach Fátima

herrscht hoffnungsvolles Klima,

doch aus Hoffnung wird Dilemma.

*

Welche Reise können wir noch unternehmen!?

Nach Hamburg, München oder Bremen?

In die Hauptstadt sollten wir uns mal bequemen!

*

Steigst du vom tiefen Tal auf einen hohen Berg,

sieht der Mensch unten aus, wie ein Zwerg,

Blicke schweifen über Almen und Ziegelwerk.

*

Wenn die Hotel-Betten schon Geschichten erzählen,

sollte man auf der Stelle eine andere Bleibe wählen,

denn an erholsamen Nächten darf es nicht fehlen!

*

„All-inclusive-Urlaub" erwächst zu einem Trend,

der in manch´ Besäufnis keine Grenzen kennt,

aber auch relativ günstige Gesamtpreise nennt.

*

Man kennt die Frage schon:

„Was machst du mit einer Million?"

Vielleicht einmal ab und davon?

*

Sei reiselustig, so hast du mehr vom Leben:

andere Länder können dir Eindrücke geben,

die deine Stimmung und dein Wissen heben!

*

Hast du einmal an einer Tauch-Safari teilgenommen,

bist staunend zwischen Korallen herumgeschwommen,

hast du Eindrücke einer ganz neuen Welt gewonnen!

*

Glaubst du, an Urlaubsorten ist stets Sonnenschein,

kannst du einmal eines Tages schwer enttäuscht sein,

treten Vulkan-Ausbruch, Taifun oder Tsunami ein.

*

Bucht man eine Urlaubsreise,

im Internet auf moderne Weise,

pocht man auf vertraute Kreise.

*

Wer das Sonnenlicht meidet,

verbrennt, ist er entkleidet:

einer der im Sommer leidet!

*

Die Ostseebäder mit ihren langen Seebrücken

können Touristen aus aller Welt beglücken,

mit endlosen Sandstränden, aber ohne Mücken.

*

Senioren-Touristen bereisen die ganze Welt,

aber sobald ein Reisebus vor einem Café hält,

werden Käsekuchen und Kirschtorte bestellt.

*

Kurtaxe ist für Seebäder ein notwendiges Muss,

denn sie halten damit ihre Strände in Schuss,

aber für manchen Touristen bleibt sie Verdruss.

*

Überquert einen Kanal eine Fähre,

zahlen die Nutzer keine Saläre,

weil da sonst eine Straße wäre.

*

Im Winter sind die Badestrände menschenleer,

aber unermüdlich toben die Wellen im Meer,

als wenn irgendetwas zu verteidigen wär´.

*

An der schönen, langen polnischen Ostsee-Küste

mit Stränden, die ich nicht malerischer wüsste,

liebt man keine freien Körper oder bloßen Brüste.

*

Gerne schaue ich über des Horizonts Geländer

bereise entfernt gelegene, exotische Länder,

und betätige ich mich als eifriger Postkarten-Sender.

*

Tauche für geringes Urlaubsgeld

in die Kultur-Vielfalt dieser Welt,

die man gerne für dich offen hält.

*

Ob mondän oder einfach off-road,

für jeden gibt es ein passendes Angebot,

im Luxusdampfer oder im Faltboot.

X. LEIDENSCHAFT, HOBBY

Vertraue auf die Kraft deiner Stimme,

ist deine Botschaft auch eine schlimme:

ziel sie gut über Korn und über Kimme!

*

Liegt das ganze Glück dieser Erde,

wirklich auf dem Rücken der Pferde?

Was ist, wenn ich abgeworfen werde?

*

Fußball, Handball, Formel eins,

von diesen Faibles hab´ ich kein´s.

Da schalte ich um auf Radio Mainz.

*

Das Rätselraten ist meine Leidenschaft,

ein schöner Zeitvertreib und sagenhaft,

wenn man es bis zu einem Gewinn schafft.

*

Der Schwimmbad-Besuch ist eine gute Idee,

denn das Thermometer schnellte in die Höh´.

Gut, dass ich gerade keine Arbeit verseh´!

*

Mit dem Sammeln von Ansichts-Postkarten

kannst du viele Reisende gut beraten,

so sie von dir keine Geheim-Tipps erwarten.

*

Schwimmen zu gehen, ist ganz O.K.,

im Schwimmbad oder im Badesee,

wenn ich 30 Grad auf dem Thermometer seh´.

*

Wer bei 30 Grad nicht zur Abkühlung neigt,

nicht schwimmend in kaltes Wasser steigt,

hat diesen Tag auf jeden Fall vergeigt!

*

An uralten Autos herum zu schrauben,

kannst du dir nur mit viel Zeit erlauben.

Wie dabei die Zeit vergeht, möchte man kaum glauben!

*

Die Ergebnisse jeglicher Lotterie
grenzen in den Medien an Pervertie,
denn sie fördern die Spieler-Manie!

*

Wohnt man einem langen Triathlon-Wettkampf bei,
kommen Empfindungen, dass man ein Tölpel sei,
denn diese Kondition ist wirklich das Gelbe vom Ei!

*

Wie kann man einst schöne Erlebnisse vergessen,
denen man einst hohe Bedeutung beigemessen?
Oder häuft man über sich schon zu viele Interessen?

*

Spannungsgeladenen Geschichten
können unsere Gemüter verdichten,
aber auch viel Unheil anrichten!

*

Fällst du aus Laune in eine Spielbank ein,
muss das Glück auf deiner Seite sein,
sonst brichst du dir noch Hals und Bein.

*

Manch ein Hobby wird zur Leidenschaft,

die gierig jedes Interesse zusammenrafft,

raubt für ein soziales Leben alle Kraft.

*

Manch ein ehrgeiziger Triathlet,

merkt vor Eifer erst viel zu spät,

wie es um seine Familie steht.

*

Leidenschaft kann einsam machen,

lässt andere Leute darüber lachen,

denn man versäumt es, aufzuwachen.

*

Für die Freizeit besteht ein maßloses Überangebot,

das bringt jeden eifrigen Interessenten in arge Not,

zu leicht gerät er dabei aus dem harmonischen Lot.

*

Das einfache Erlernen humorvoller Karikaturen

hinterlässt auch für das Zeichnen seine Spuren

und folgt methodisch den didaktischen Naturen.

*

Krimis und Schokolade sind Leidenschaften,

die ganz fest an manchen Menschen haften.

Immer noch besser, als wenn sie pafften!

*

Werfen die Bäume Schatten wie Tarnnetze auf die Wege,

auf denen ich mitunter in Stadt zu radeln pflege,

kommt es vor, dass ich meine Spur in Schlaglöcher verlege.

*

Liest du Liebesromane und Schicksalsbücher,

benötigst du eine große Menge Taschentücher,

denn Gefühlswallungen kommen ganz sicher.

*

Meine allergrößte Sehnsucht

gilt der Zivilisations-Flucht,

zu leben ohne Order und Zucht.

*

Beim Rätsel-Raten wird aus dem Pläsier

bei Preisrätseln schnell eine große Gier.

Daher sind nicht alle Menschen dafür.

*

In den Tagesschauen, zur besten Sendezeit,

halten die Sender die Lotto-Quoten bereit:

Da ist es zur Spielsucht-Förderung nicht weit!

*

Luftveränderung stärkt die Seele,

auf dass sie Abwehrkräfte stähle,

im Sinne körpereigener Heils-Befehle.

*

Liebst du als Byker den frischen Wind in den Haaren?

Bist mit dem Motorrad um die halbe Welt gefahren?

Dann hast du in deinem Leben reichlich viel erfahren!

*

Veränderte Wetterlagen führen zu angepassten Ferien:

Zum Beispiel mit russischen Eisenbahnen durch Sibirien

oder eine planlose Rucksack-Wanderung durch Syrien.

*

Es mag Leute geben, die gerne in den Garten gehen,

sich an Pflanzen, Rabatten, Blumen nicht satt sehen.

Für mich Fronarbeit: Schneiden, Fegen, Rasenmähen.

*

Musik trägt mich durch die Lüfte,

überwindet Täler, Tiefen, Klüfte –

beschwingt wiege ich meine Hüfte.

*

Händel, Mozart, Beethoven und Bach

Verehre ich für ihr musisches Fach,

lausche Crescendo und ihr Gemach.

*

Sei ein Vorbild in deinem Freundeskreis,

wo von deiner Zuverlässigkeit jeder weiß,

und alle kennen deinen Einsatz und Fleiß!

*

Wenn man so recht sinnend überlegt,

ist das Wandern auf dem Jakobsweg

nicht gerade ein simples Heils-Privileg!

*

Ist dein Leben auch grau und frustig,

erlebe die Welt - werde reiselustig,

und du wirst deiner Sorgen verlustig.

*

Das Wandern ist ein sehr schöner Zeitvertreib,

mit Sonne und frischer Luft für Seele und Leib.

Auf dass ich noch lange so wanderrüstig bleib!

*

Ein passionierter Segler könnte schwör´n:

Das Größte ist ein langer Karibikinsel-Törn,

wenn dich Wind und schöne Mädchen betör´n.

*

Das Sammeln von Puppen ist ihre Leidenschaft,

denn die Eltern hatten im Krieg keine angeschafft,

jetzt sind viele Glas-Vitrinen gefüllt – sagenhaft!

*

Schraubst du gerne an defekten Oldtimern ´rum,

kommen dir deine Kollegen mitunter recht dumm,

denn sie ergründen für sich nicht das „Warum?"

*

Lernst du auf einem Reiterhof das Reiten

Und kannst mit den Pferden gut arbeiten,

wird es dir unheimliche Freude bereiten!

*

Wie wenig ist ein leidenschaftlicher Hobbyist vernetzt,

dessen Leidenschaft sich so tief in sein Hirn versetzt,

dass er Familie, Beruf sowie Freunde sträflich verletzt.

*

Wenn du stundenlang wartend verbleibst,

ist es kurzweilig, wenn du Verse schreibst

und dir damit wie im Fluge die Zeit vertreibst!

*

Als Wanderer über Berg und Feld,

benötigst du kein Wechselgeld,

denn die Natur ist reich bestellt.

*

Wenn Sammeln völlig zur Leidenschaft entartet,

was mit ein paar Exemplaren einstmals startet,

wird zur Manie, mit der man auf jedes neue wartet.

*

Spielen ist ein schöner, entspannender Zeitvertreib.

Wenn sich das Spiel aber Gewinnsucht einverleibt,

ist der Weg nicht weit, dass man manisch übertreibt.

*

Wenn man als Laie an einem Ölbild arbeitet,

aber an gänzlich fehlender Erfahrung leidet,

ist es kein Wunder, wenn ein Käufer es meidet?!

*

So ich male, bin ich weggetreten,

und jeder wird zu stören gebeten,

nur in den allerhöchsten Nöten.

*

Wo man singt, da setz´ dich ruhig nieder:

nur gute Menschen kennen viele Lieder,

und umarmen dich wie ihre Brüder!

*

Reise mit mir um die ganze Welt!

Wir bleiben dort, wo es uns gefällt,

bis sich dort wieder Routine einstellt.

*

Präsentiert ein Museum ein sensationelles Programm,

drängt sich das Publikum in den Sälen recht stramm:

Man fühlt sich wie in eine Herde gepferchtes Lamm.

*

Ist man ein ausgemachter Technik-Freak,

genial in Mathematik und Atomphysik,

hat man in der Liebe vermutlich kein Glück.

*

New York, Tokyo, Hongkong, Moskau –

Wer kennt schon die Großstädte genau,

mit den Hochhaus-Schluchten und Radau?

*

Ist ein Buch interessant gewesen,

und man hat darin gern gelesen,

wird man an den aussagen genesen.

*

Schlechtes Wetter macht einen Museumstag,

der schon lange in unserer Planung lag

und auf den sich schon jeder freuen mag.

*

Suchen Blumenkinder in Indien nach Seligkeit,
ist es mit dem Selbstwert-Gefühl nicht weit.
Nicht vor sich weglaufen, wäre eher gescheit!

*

Kommt ein Reisebus mit fünfzig Personen,
sollte sich eine Stadtführung überaus lohnen,
aber erst müssen alle auf der Toilette thronen.

*

Wähle eine ruhige, kleine Pension
in einer einsamen Urlaubs-Region:
Beste Erholung erfährst du als Lohn!

*

Reist du mit einem Traumschiff
durch die Inselwelt, von Riff zu Riff,
hat der Kapitän hoffentlich alles im Griff!

*

In Zeiten des Karneval ist scheinbar alles erlaubt,
wie in den Hochburgen jeder Närrische glaubt,
als wären Moral und Anstand zeitweise beurlaubt.

*

Ein wahrer Knobelspaß ist ein Sudoku:
Manche schwer, andere löst man im Nu,
und das Gehirn trainiert man noch dazu!

*

Im Karneval, der fünften Jahreszeit,
sind Sorgen, Nöte, Ängste ganz weit,
auch vergessen ist so mancher Streit.

*

Drängen sich die Regenwolken am Himmel,
entgeht man auf den Straßen das Gewimmel.
Nur in den Kaufhäusern herrscht Getümmel.

*

Preisrätsel zu raten, ist eine Leidenschaft,
die Muße und geistigen Ausgleich schafft,
dabei erweitert sich das Wissen fabelhaft.

*

Plüschie und Plummer, diese zwei,
waren beim Fasching wieder dabei:
in Sachen von Feuerwehr und Polizei.

*

Wedeltest du eben noch auf der Abfahrtspiste,

bringt dich ein jäher Unfall schnell in die Kiste,

aber selbst in Kliniken zu liegen, ist recht triste.

*

Für den Sportangler zählt weniger die Beute,

als das Gefühl der Erwartung ohne Leute,

da er Stille liebt, und Menschen stets scheute.

*

Wer gerne durch die Lüfte segelt,

hat schon viele Prüfungen geregelt,

bis sich eine Versiertheit einpegelt.

*

XI. BERUFE

Ist deine Arbeit Job oder Berufung?
Mit einem Job fehlt dir die Stimmung,
Berufung sei dir die beste Empfehlung!

*

Als wenn das so einfach wär´:
Vom Tellerwäscher zum Millionär!?
Auf sich gestellt bleibt´s prekär!

*

Drängt es dich vom Tellerwäscher zum Millionär,
brauchst du an Tellerwäschern ein ganzes Heer.
Aber für Reichtum ist das auch noch keine Gewähr!

*

Vorsicht bei wilden Alpha-Tieren!
Sie geben alles, um zu dominieren.
Belasse sie beim Ausprobieren!

*

Ist man in seinem Fach eine Kapazität,

hat man Glück, wenn man das übersteht

und nicht in ein korruptes Netzwerk gerät.

*

Zweitklassige Chefs stellen nur Drittklassige ein,

um weiterhin der große Herrscher zu sein

und sichern sich ab in einem Herren-Verein.

*

Könner brauchen keine Beziehungen,

benötigen keine „Amigo"-Umgebungen:

bisher ist ihnen alles selber gelungen!

*

Mancher ideenlose Vorgesetzte,

der sich mit Kreativen gut vernetzte,

ist wirklich das Allerallerallerletzte!

*

„Mein nobles Büro ist meine Burg! –

Aus der vertreibt mich kein Schurk´,

es sei denn, beim Unfall ein Chirurg.

*

Folge ich einer Berufung oder der Gelegenheit?

Ausbildung und Tätigkeiten streuen mitunter weit:

Zumeist reicht die Schul-Bildung als Job-Geleit!

*

Was nutzt ein gutes Abitur

mit nachfolgender Lern-Zäsur

während der Job-Prozedur?

*

Keiner sollte sich zu weit entfernen

von einem lebenslangen Lernen:

ob aus Büchern oder von den Sternen.

*

Nutze die Brüche in deiner Berufs-Biographie,

denn oft entdeckte man sein eigentliches Genie

bei einer neuen Tätigkeit mit mehr Phantasie.

*

Eine Arbeit ist sehr oft viel facettenreicher,

und ihre Skills erweisen sich als weicher,

als zu analysieren von `nem „REFA-Streicher".

*

Eine Tätigkeit ist gut und macht Spaß,

so sie Sinn macht und man erkennt was:

das eigene Gelingen im Übermaß.

*

Wer auf Planungssicherheit steht,

am besten in die Verwaltung geht,

wo sich alles in festen Kreisen dreht.

*

Kinderarbeit in Tansanias Goldminen:

Zehntausende wie die Arbeitsbienen,

soll dem Wohle reicher Länder dienen.

*

Herrschaften aus den Chef-Etagen mögen das:

„Wasch mir den Pelz, aber mach mich nicht nass!",

denn nasses Fell entblößt den Körper ganz krass.

*

„Gilt Versicherungsschutz am Arbeitsplatz?"

ist ein oft gerichtlich zu entscheidender Satz:

abseits der Arbeit bist du schnell raus: ratz fatz!

*

Hat je eine Führungskraft einmal nachgedacht,
welche Verantwortung seine Position ausmacht?
Er wäre unter Vorschriften zusammengekracht!

*

Früher galt ein Beruf für das ganze Leben!
Heute muss man viele Stellen-Wechsel erleben,
und froh sein, wenn Firmen noch Arbeit geben.

*

Ohne Feuer gäbe es keinen Rauch!?
Doch bei Ehrgeizlingen ist´s Brauch:
„Aufgewirbelter Staub tut´s auch!"

*

Arbeit ist viel mehr als Geldverdienen:
Anerkennung der Arbeit an Maschinen
oder der Stolz mit erledigten Terminen.

*

Lässt ein Reeder Schiffe von Matrosen steuern
und erdreistet sich, seine Kapitäne zu feuern,
muss er seine Flotte nach Schiffbruch erneuern.

*

Wer einen Kenner einstellt, statt einen Koch,
weil ihm dieser hilfesuchend entgegen kroch,
erkennt sehr bald sein großes Image-Loch!

*

Jeder Job hat gute und schlechte Seiten.
Was überwiegt, darüber lässt sich streiten,
und Hoffnung bleibt auf bessere Zeiten.

*

Roboter, Mensch, Maschine:
Alles dem Fortschritt diene!
Doch, bitte, auf rechter Schiene!

*

Das Controlling der Betriebswirtschaft
entartet mitunter äußerst zweifelhaft,
wenn ein Fehlparameter Chaos schafft.

*

Der Karriere-Wunsch ohne „Vitamin B"
ist wie ein bunter Papagei im Schnee,
denn dort sind nur Schneemänner O.K.

*

Verantwortung tragende frühere Kollegen,

reagieren befremdend krampfartig verlegen,

wollen kaum noch Bekanntschaft pflegen.

*

Wenn Gewerkschaften es wirklich wollen,

wird auch kein einziges Rad mehr rollen:

Bosse haben Arbeitern Respekt zu zollen!

*

Welchen Stellenwert hat im Lebern der Beruf?

Ist er Berufung, Knechtschaft, Job mit Leid?

Auf jeden Fall honoriert nach Leistung und Zeit.

*

Wenn Leidenschaft zum Beruf erwächst,

nach dem du auch nach Jahren noch lechzt,

war er von Anfang an was Recht´s!

*

Bullshit-Jobs mit entfremdendem Sinn

machen den Arbeitenden zum Harlekin

und sehr anfällig für einen Neubeginn.

*

Angestellte, die nicht haften müssen,

liegen auf einem sanftem Ruhekissen,

obwohl sie mau zu entscheiden wissen.

*

Bauernopfer haben große Bosse leicht gefunden,

nachdem sie sich um Verantwortung gewunden,

und Externen den „Schwarzen Peter" umgebunden.

*

Wir definieren uns durch die Arbeit

bei jeder passenden Gelegenheit.

Wer keine hat, der tut uns leid.

*

In dem Buch „Utopia" beschreibt Thomas Morus,

dass man am Tag nur sechs Stunden arbeiten muss,

um ihn weiter sinnvoll zu gestalten, ohne Verdruss.

*

Hat einer gleichsam über Nacht

unendlich viel „Kohle" gemacht,

wird von ihm die Welt ausgelacht.

*

Nur mit der zweifelhaften Kraft
einer „ehrenwerten Gesellschaft"
hat man schnell Vermögen gerafft.

*

„Erfolgreiche" werden zu der Erkenntnis kommen müssen:
„Basiert ihr Erfolg auf Arbeit, Können und Wissen,
oder waren sie einfach nur gerissen?!"

*

In einem großen Institut
verliert man schnell den Mut
und arbeitet ohne Blut.

*

In machen Firmen sei angemerkt, unverhehlt,
dass dort eine „Gute-Laune-Beauftragte" fehlt,
die das düstere Betriebsklima etwas beseelt.

*

Es heißt: „Klappern gehört zum Handwerk!",
aber auch die Klapperschlange ist nur ein Zwerg
bei starkem Steinschlag vom Wahrheits-Berg.

*

Kaufleute sagen: „Tue Gutes und rede darüber!"
Aber stillschweigenden Wohltäter sind uns lieber,
als geschwätzige Händler, Gauner und Schieber.

*

Innovations-Zyklen zerstören das Alte kreativ
und beflügeln die Ökonomie recht intensiv.
Nur die soziale Dimension hängt arg schief!

*

Wie erkennt man Grundmuffigkeit in Betrieben?
Wenn sich Kollegen kleine Untaten zuschieben
Und in den letzten Monaten oft zuhause blieben.

*

Zwischen Arbeit nach notgedrungener Vorschrift
und vollem Einsatz, der auf Leidenschaft trifft,
liegen unbezahlbare Welten, vom Direktor bis Stift!

*

Von der Regierungsbank bekommen wir vorgeführt,
wie es auch in renommierten Unternehmen passiert:
Vettern-Wirtschaft, Korruption, mit dem Kapital leiert!

*

Mehr als die Hälfte sind mit ihrem Job unzufrieden,

denn ihre Chefs herrschen und walten im Rüden,

haben allzu oft die menschliche Achtung gemieden.

*

Wenn man den Spruch wieder hört:

„Treppen werden von oben gekehrt!"

Dabei läuft´s in Firmen umgekehrt!

*

Wenn der Fisch wirklich vom Kopf her stinkt,

warum dann eine Arbeiter-Entlassung gelingt?

Daran sieht man, wie die ganze Sache hinkt!

*

Wenn Vorgesetzte von „Wasser" erzählen,

selbst aber von den besten Weinen wählen,

offenbaren sie, wie sie die Wahrheit quälen!

*

Selten ziehen zweitklassige Chefs Erstklassige nach,

denn sie fürchten überaus die offensichtliche Schmach,

die schon oft über schwache Vorgesetzte hereinbrach.

*

Wer auf seine Mitarbeiter baut,

ihnen auch höhere Ämter zutraut,

hat recht in die Zukunft geschaut.

*

Auch kleine Leute werfen große Schatten,

so sie die rechten „Leuchten" hinter sich hatten,

die entsprechend große Freiräume gestatten!

*

Ich kann, weil ich will, was ich muss:

Einsicht in Notwendigkeiten ohne Verdruss,

devote Ergebenheit, der Macht einen Kuss!

*

Von den Sternen in den tiefen Sumpf:

Hochmut ist ein vergänglicher Triumpf:

Auch scharfe Schwerter werden stumpf!

*

Wenn alle nur das denken, was sie denken sollen,

verhalten sie sich wie Marionetten, die sich trollen,

wie es die Patriarchen mit Denk-Hoheit so wollen.

*

Wenn alle nur wissen, was sie dürfen,

können Tyrannen an der Macht schlürfen,

skrupellos beliebiges Unrecht schürfen!

*

Gut gefrühstückt ist der Tag schon halb gewonnen

und man kann sich in seiner Schaffenskraft sonnen,

denn das Tagewerk hat wieder optimal begonnen!

*

An die verbriefte „Soziale Hierarchie"

denken manche Firmen selten oder nie,

entfernt von beschworener Empathie.

*

Wenn einst ein Postkarten-Maler Generäle befielt

und unverhohlen nach der Weltmacht schielt,

ist schon erstaunlich, das ihn keiner aufhielt!

*

Glück hat nicht nur der mit dem vierblätterigen Klee,

es hilft mitunter auch eine hervorragende Idee,

aber eine richtige, nicht die vom gestrigen Schnee!

*

Der Schwache schließt sich devot Seilschaften an,

denn nur so kommt er an „Futternäpfe" heran,

die er aus eigener Leistung nie erreichen kann.

*

Es wird Zeit, sich an klügeren Autoritäten zu orientieren,

die nachdenklich fundiert und besonnen argumentieren,

nicht ausschließlich taktisch egozentrisch lamentieren!

*

XI. 1 ÄRZTE

Haben Ärzte Dich erst als guten Kunden erkannt,
lassen sie dich so schnell nicht aus der Hand –
es sei denn, du bist ein armer Kassen-Passant.

*

Gute Ärzte entlassen dich ohne Rezept,
es sei, dass man sich zu ihnen schleppt.
Auf jeden Fall wird man nicht geneppt!

*

Habe ich keine Gesundheits-Beschwerden,
mag ich gerne gründlich untersucht werden.
Das ändert sich abrupt bei Krankheitsherden.

*

Dieser riesengroße Einkaufsmarkt,
vor dem ein Heer von Autos parkt,
ist immer gut für einen Herzinfarkt.

*

IGeL, Individuelle Gesundheits-Leistungen:

sind der Ärzteschaft finanziell sehr gelungen.

Das Wohl ist damit nicht höher gesprungen.

*

Wie unanständig ist ein IGEL-Angebot?

Krankenkassen sehen darin keine Not

Und die Ärzte verdienen sich damit tot.

*

Kritik an Ärzten gehört schon

bei Patienten zum guten Ton.

Dabei ist Arztsein reiner Fron.

*

Als Arzt gehörst du zur Elite im Land,

gebildet, alles geht die von der Hand,

bist Mitglied in einem großen Verband.

*

Stationsärzte in den Kliniken haben es auch nicht leicht,

weil ihr Gehalt nur mit Bereitschaft und Überstunden reicht:

Ganz übel, wenn man sie mit Privat-Ärzten vergleicht!

*

Gewährt der hohe Numerus Clausus einen guten Mediziner,

oder nur ein Streben zum angesehenen Großverdiener,

statt zur hehren Berufung zu einen Volksgesundheits-Diener?

*

Kein Arzt auf dem Lande, nur Sand und Gestein.

In die alte Dorfpraxis zieht kein Arzt mehr ein;

da müssten Mediziner ja von Empathie beseelt sein.

*

„Ärzte ohne Grenzen" mit Sitz in der Schweiz,

ist das reine Gegenteil von Habsucht und Geiz,

ausgezeichnet, geehrt mit Nobelpreis bereits.

*

Sollen dich Ärzte befreien von der Qual,

bitte sie um das Natriumpentobarbital

für ein selbstbestimmtes Lebensfinal.

*

Wählt man sein ende nach langer Qual selbstbestimmt,

indem man eine höchstwirksame Sterbepille nimmt,

zeigt sich die apparative Palliativmedizin übertrimmt.

*

„Herr Doktor, ich habe Kopfschmerzen, dass mir der Schädel raucht!"

„Lieber Herr Patient, dafür ist mein Kontingent schon verbraucht,

wenn der werte Herr vielleicht im nächsten Quartal wieder auftaucht!"

*

Die „IGeL" sind des Mediziners Lust!
Manch´ Patient, der´s nicht gewusst
Verlässt die Praxis wieder mit Frust.

*

Augenärzte sind als IGeL-Könige zu sehen,

mit ihrem diversen, gesonderten Geschehen.

Krankenkassen sind auch nicht zu verstehen!

*

Geht denn ein Mensch zu Ärzte-Foren,

so er einmal sein ganzes Herz verloren?

Nein, von Ärzten beleibt er ungeschoren!

*

Die Wartezeiten im Sprechstunden-Zimmer

werden bei Fachärzten immer schlimmer.

Hat die Ärzteschaft davon keinen Schimmer?!

*

„Sind Sie privat versichert, wählen Sie die Vier –

Sind Sie ein Kassenpatient, dauert´s mit Dir!"

Das bietet mir so manches Ärzte-Telefon mir.

*

Stationsärzte leisten mit hohem Engagement

entkräftende Einsätze, die kaum jemand kennt,

es sei, er hat selbst ´mal in der Klinik gepennt.

*

Der Arzt-Beruf sollte Menschen-Dienst sein,

nicht unbedingt mit Selbstlosigkeit im Verein,

aber keineswegs mit Gier nach jedem Schein!

*

Wehmütig erinnert sich der alte Mediziner

an seine lange Zeit als Gesundheits-Diener:

Viele wären ohne ihn schon Himmels-Sühner!

*

Einen Abiturienten mit gutem „numerus clausus"

drängt die Gemeinschaft zum Beruf des Medicus´,

weil er als Genius den Menschen helfen muss.

*

Bei Zahnärzten reagiere ich ziemlich angefressen,

weil sie möglichst viel als IGeL-Arbeit bemessen,

und dabei das Wohl ihrer Patienten vergessen.

*

„Zahnstein-Huren" nehmen mich gleich in ihren Griff:

„Ihre schiefen Zähne verdienen mal einen Schliff!"

Ja, ja – für achtzig Euro, was ich schnell begriff.

*

Ehe ich mal zum Zahnarzt geh´,

tut mir ein Zahn schon richtig weh.

Immerhin ist meine Zahnhygiene O.K.

*

Da schlug mir doch neulich ein Zahn-Doktor

gleich ein ganzes Sanierungs-Programm vor,

worauf ich schon die Lust auf seine Kunst verlor.

*

Was ich in Zahnarzt-Praxen gar nicht vertragen kann:

Man bietet mir gleich professionelle Zahnreinigung an.

Das hatte ich doch zuvor mit gründlichem Putzen getan.

*

In der dunklen Jahreszeit
ist die Erkältung nicht weit!
Drum sei zur Impfung bereit!

*

Jetzt warte ich lange auf einen Arzt-Termin,
über zwölf Wochen zieht das sich wieder hin!
Ob ich dann überhaupt noch therapierbar bin?

*

Schamanen-Kunst oder Homöopathie,
Medizin mit Zauber und viel Phantasie:
Aus der Psyche schöpft man Energie!

*

Der randomisierte Doppel-Blindversuch
bleibt für die Homöopathie wahrer Fluch:
er beweist ihre Wirksamkeit nicht genug!

*

Viele Viren reisen um den Globus mit
und verteilen sich mit Schritt und Tritt,
worunter schon mancher Tourist litt.

*

Wenn Epidemien zur totalen Pandemie ausarten,

muss die ganze Welt mit Maßnahmen aufwarten

und effiziente Diagnosen und Therapien starten!

*

Wenn sich kranke Männer und Frauen

schließlich ihren Ärzten anvertrauen,

befinden sie sich in eines Wirtschaftssystems Klauen.

*

Die gelbe Flagge am Schiffsmast

verweist auf eine Quarantäne-Last,

die auch Ansteckungsgefahr umfasst.

*

Man kann es nicht mehr verhehlen,

dass medizinische Kräfte fehlen,

und sich nicht scheut, sie zu stehlen.

*

Haben Ärzte den Blutdruck getrimmt,

und wenn auch der Puls noch stimmt,

ist´s ein Körper, der sich recht benimmt!

*

Üble Krankheiten sind schwer zu ertragen,

denn Hoffnungen liegen bitter im Magen,

wenn die ärztlichen Künste mal versagen!

*

Stehst du im Winter auf dem Balkon,

trägst in dieser Erkältungs-Saison

schnellen einen Schnupfen davon!

*

Gleicht man im Aussehen auch Piloten,

bei Infektionen ist Mundschutz geboten!

Das sind keineswegs alberne Zoten!

*

Je älter der allerwerteste „Sapiens homo",

desto mehr nutzt er die Computer-Tomo

und benötigt die Ärzte häufiger pro domo.

*

Im Alter wird der Mensch vergesslich und träge,

der Mahlzeiten-Dienst ist dreimal täglich zuwege,

wie auch die Betreuung und die ambulante Pflege.

*

Es ist vernünftiger, sich beizeiten impfen zu lassen,

als fest darauf zu hoffen, dass alle Viren-Klassen

Menschen als Wirt plötzlich von Grund auf hassen!

*

Epidemien schneiden wie ein Schwert,

zerstören vieler Menschen Lebenswert –

bei Pandemien geschieht das vermehrt.

*

Mediziner heilen mit ihrer Kur,

den Rest besorgt die Natur,

so vom Heilungswillen eine Spur.

*

Mit Ärzten stellt man sich auf gutem Fuß,

solange man keine Krankheiten erleiden muss,

denn ihre Institutionen sind kein Genuss!

*

Das Klinik-Personal folgt zumeist wahrer Berufung,

nicht nur der gewerkschaftlichen Gehalts-Einstufung,

dabei wäre finanzielle Anerkennung die rechte Behufung!

*

XI. 2 GEISTLICHE

Die Bibel verspricht die Herrlichkeit des ewigen Lebens,

aber Menschen, die Jesus ignorieren, leben vergebens!?

Welch´ Gedränge dieses himmlischen Seelen-Aufhebens!

*

Ist die Auferstehung der Seele jedem beschieden?

So jedenfalls stellt die Bibel die Christen zufrieden,

während die Nicht-Christen arg in der Hölle sieden.

*

Drängen sich im Himmel Billionen christlicher Seelen,

während sich noch mehr in der Hölle grausam quälen?

An welchen obskuren Orten können wir sie zählen?

*

Der Beistand Gottes kann uns in der Not fehlen,

dürfen wir doch auf einen gütigen Vater zählen!

Nur soll uns keiner mit Gewissensbissen quälen!

*

Die ehrwürdige Bibel,

eine philosophische Fibel:

Mehrschichtig wie eine Zwiebel!

*

Junge Menschen mit hehren Idealen,

in einfachen Kleidern und Strohsandalen,

erleiden in Sekten oft gerne auch Qualen.

*

Wenn Pfaffen ehrerbietend vor ihren Altären stehen,

um ihre ach so feierlichen Dienste zu begehen,

kann nicht jeder dieses ewige Wiederholen mitgehen.

*

Es wäre längst an der Zeit im modernen Vatikan,

die Schweizer Garde käme im 21 Jahrhundert an

und beende ihre alten Wachzeremonien sodann.

*

Hat der Klerus denn nichts von der Geschichte gelernt?

Merkt er denn nicht, wie er sich immer weiter entfernt?

Hat er Angst, dass ihn der Zeitgeist von außen entkernt?

*

Wenn ein Vortrag weniger als zehn Zuhörer hat,

findet er in der Regel einfach gar nicht statt.

Nur Pfaffen öffnen auch für 3 Seelen ihr Predigtblatt.

*

Kirchen bröckeln längst als Glaubens-Bastion,

denn sie wurden zu einer fragwürdigen Institution.

Aber einen väterlichen Gott brauchen wir schon!

*

Verdrängt die Kraft der beruhigenden Verheißung

reine Wahrheit durch professionelle Zerreißung

und endet zwangsläufig in bittere Entgleisung?

*

Der Urknall ist eine physikalische Hypothese

neben der verschriftlichten religiösen Genese.

Man wartet auf Alternativen oder eine Synthese.

*

Lasst uns gemeinsam tatkräftig für das Leben eintreten,

mit Energie, Mut, Kreativität und auch ab und zu mit Beten,

mit Geschichten und Musik von Gesang, Orgel und Flöten.

*

Betätigt der Küster das Glockengeläut,

denkt er: „Welch ein Aufwand wieder heut‘

für die paar kirchentreuen alten Leut´!"

*

Blickt der Pfarrer in den Klingbeutel hinein,

schaut er wieder einmal verzweifelt drein:

„Nur Einkaufswagen-Chips! - Wie kann das sein!?"

*

Bei Weihnachten, Ostern, Pfingsten und Erntedank,

ziehen die Pastoren auf ihren hohen Kanzeln blank

und gestalten ihre Predigten extra besonders lang´.

*

Wilder Terrorismus im Namen von Religion

Ist schon vom Grundgedanken ein Paradoxon,

so wie blinder Hass und sensible Reflexion.

*

Seit 2000 Jahren warten Christen auf die Wiederkehr,

um zu richten zwischen Paradies und Flammenmeer.

So sich die Kirche bemühte, ihre Worte blieben leer.

*

Man stelle sich vor, dass man dem Jenseits verpflichtet sei,

lebte jahrelang abgeschlossen in einer klösterlichen Bastei:

Ginge man da nicht Mitleid erregend am wahren Leben vorbei?

*

Sonntagsarbeit ist für die Geistlichen Routine:

Da reden sie von der Kanzel mit ernster Miene,

als wenn alles einem endgeschehen diene.

*

Wie viel wahre Anteilnahme zeigt der Herr Pastor,

steht er wieder und wieder einer Beerdigung vor,

zu deren Menschen er lange den Kontakt verlor?

*

Sontag ist unser religiöser Feiertag,

den mancher lieber als Sabbat mag,

der einst an einem Sonnabend lag.

*

Den Satan als Vater der Lüge

kennen wir nur zur Genüge!

Ignorieren wir sein Gefüge!

*

Was wären die Kerzen-Produzenten ohne Pfarreien,

wo die flackernden Lichter noch zur Erbauung seien,

denn in Haushalten will man sich von ihnen befreien.

*

Der Herr Pastor ist dem Psychotherapeut,

der seine Sünden im Beichtstuhl bereut,

denn dieser leistet Buße und sündigt erneut.

*

Gefangen in den alten Dogmen ihrer Religion,

verbreiten Glaubensbrüder weiter ihre Illusion

einer überlebten, fragwürdigen Institution.

*

Kirchenfeste und Tradition

festigen die Kirchen-Position:

Trotz ihrer Frevel - ein Hohn!

*

Wild trieben es die Geistlichen mit den Jungen,

hofften vergeblich auf Gnade und Vergebungen.

Jetzt zerreißt sich die ganze Welt die Zungen.

*

Wer wagt es, Menschen mit Erbsünde zu belasten,

als hätte sie damit alle in einem religiösen Kasten,

und sie würden demütig und gefügig darin rasten?!

*

Unser Handeln treibt uns alle in die Selbstsucht,

die seit dem Sündenfall die Menschen verflucht,

rücksichtslos, grenzüberschreitend und verrucht!

*

Hat Jesus Christus den Sündenfall neutralisiert?

Das zerstörte Mensch-Gott-Verhältnis repariert,

ohne dass sich der Mensch im Chaos verliert?

*

Steuerzahler müssen für die Gräueltaten aufkommen,

die Kleriker verzapften. Jetzt sind sie tot, die Frommen.

Zur Inquisition wird keiner mehr in Regress genommen.

*

Die Christus-Story nach dem Lukas-Evangelium

ist schon ein Jahrtausende, uraltes Kuriosum,

und immer wieder das Marketing für den Konsum.

*

Kanzel und Orgel waren nützliche Einrichtungen,

denn Pastoren waren ohne Mikrophon gezwungen,

sonst wären Predigt und Musik kaum gelungen.

*

Klerus, Pfarreien und Pastoren machen sich Sorgen,

wie gestalten wir respektable Kirchenfeiern von morgen.

Aber neue Ideen bleiben unter den Ritualen verborgen.

*

Mit Kirchenvorständen, Chor und Konfirmanden

wollen Kirchen bei vollen Gottesdiensten landen.

Aber immer weniger Kirchgänger sind vorhanden!

*

Wenn sich Pastoren weigern, Lehrer zu ersetzen,

weil sich die Kultusbehörden im Bedarf verschätzen,

verschenken sie Potentiale mit diesen Mätzchen.

*

Was Gott einst durch Propheten versprochen,

wurde auch erfüllt: verlässlich und ungebrochen.

Auf seine Güte können selbst Übeltäter pochen.

*

Das Beten gewährt Sicherheit und Vertrauen,

denn auf den „Heiligen Vater" lässt sich bauen,

schenkt Kraft gegen aller Übel gieriger Klauen.

*

Der Gläubige ist von hohen Wesen überzeugt,

vor denen er sich stets huldvoll niederbeugt,

und kirchentreu nur das Gottgefällige beäugt.

*

Als einst Kopernikus widerlegte,

dass sich Sonne um Erde regte,

die Kirche ihren Argwohn hegte.

*

Herrscht eine Ordnung hinter der wandelnden Welt?

Gibt es einen, der alle Änderungen im Auge behält,

dem das ständige Werden und Vergehen gefällt?

*

Wie brutal muten heute frühchristliche Bräuche an:

Wie man Blutopfer-Gaben nur rechtfertigen kann!

Das sich auch nicht einer der Not der Tiere besann!

*

Mit welcher Unmenschlichkeit der Klerus agiert,

der zum Teil noch immer Kinder sexuell verführt,

hat man spätestens seit der Inquisition gespürt.

*

Weihnachten ist wieder die Zeit der Engel-Botschaft,

als der Stern von Bethlehem leuchtete mit voller Kraft,

zogen sogar Könige auf eine lange Wanderschaft.

*

Ein guter Pfarrer ist für seine Gemeinde da,

nicht nur bei Taufen oder vor dem Traualtar,

sondern auch in der Not mit einem Hilfsbasar!

*

Die lange Geschichte der Theologie

gleicht einer Belastungs-Soziologie

durch kirchliche Macht-Strategie!

*

Gute Seelsorger betonen die Humanität,

wie man menschlich mit Menschen umgeht

und wie man liebevoll zueinandersteht.

*

Brauchen wir viele Gotteshäuser und Geistlichkeit,

mit verdorbener Seele und ewigem Kirchenstreit?!

Es ist Zeit für die selbstgepriesenen Enthaltsamkeit!

*

Die Schriften der Evangelisten,

die das Leben Jesu auflisten,

vereinen den Geist der Christen.

*

Lassen sich religiöse Tieropfer rechtfertigen,

zu denen sich frühere Priester verstiegen?

Oder soll das lieber unterm Teppich liegen?

*

Kriminelle Vergehen und Machtmissbrauch,

Hexen-Verbrennung in qualmendem Rauch,

Ablasshandel: Das alles ist Kirche auch!

*

Mit dem Wissen schwindet der Glaubensraum.

Heute ist er schon so klein, man sieht ihn kaum!

Halten Priester ihre Gemeinde noch im Zaum?

*

Brauchen wir das Macht-Geflecht
kirchlicher Institutionen so recht?
Es ginge ohne auch nicht schlecht!

*

Das ganze neunzehnte Jahrhundert,
eine Zeit, die neue Technik bewundert,
wurden die Religionen ausgeplundert.

*

Ein religiöser Mensch fühlt sich geborgen,
denn Gott lenkt, nimmt ihm alle Sorgen,
hat keine Angst vor Heute oder Morgen.

*

Erstaunlich scheint, wie viele Pastoren
ihrem Glauben schließlich abschworen,
und die weltliche Philosophie erchoren.

*

Wenn Bischöfe über Schwangerschaft debattieren,
als hätten sie alle Lebenslagen mit zu definieren,
würden sich manche Würdenträger arg genieren.

*

Wenn es keinen Gott gäbe, müsste man ihn erfinden,

für die vertraute Kommunikation um Leid und Sünden,

um damit auch Segen, Trost und Heilung zu verbinden.

*

Wir ahnten es doch seit langem schon:

Was der Klerus verzapft, gerät zum Hohn,

moderne Wissenschaft ersetzt die Religion.

*

Jede Religion hat ihre Geschichte,

und ganz profan klingt sie schlichte,

aber es fehlt des Glaubens Lichte!

*

Gott als Fundament der Freude

begeistert weltweit die Leute

und beschwichtigt die Meute.

*

Unser großer Gott der Güte und Liebe

hält nichts von dem Klerus-Getriebe,

versteht gar nicht die Kloster-Betriebe!

*

Große Kirchen sollen Gottes Macht bezeugen

und uns arme Sünder respektvoll beugen,

was die Popen mit Huld und Stolz beäugen.

*

Wenn der Pfarrer von der Kanzel spricht,

hat er über Anwesende gute Übersicht,

denn zu viele sind es wahrscheinlich nicht.

*

Wenn die Bibel ein seliges Ende offenbart,

hat sie mit der Zeit bis dahin nicht gespart,

ihre Prophetie lange als Geheimnis gewahrt.

*

Alle Menschen brauchen ein göttliches Liebes-Licht;

aber allsonntägliche Litaneien doch sicherlich nicht!

Geeigneter wäre, wenn jeder selbst mit Gott spricht!

*

Warum werden Menschen Pastorin oder Pastor?

Glauben sie, sie stünden als Erste vor dem Himmelstor?

Oder was haben ihre leidvollen Gesichter mit uns vor?

*

Auf dem Gymnasium schon das große Latinum absolviert,

dann noch das Graecum und das Haebraeicum studiert!

Kein Wunder, wenn ein Geistlicher die Bodenhaftung verliert!

*

Nicht alle so holden Pastoren

sind für ihren Beruf geboren,

denn Routine macht sie verloren.

*

Der heikle Risiko-Faktor Zölibat

in dem autoritären Kirchenstaat

ist menschenverachtender Verrat!

*

Wenn Laien etwas raffen,

rührt das jeden Pfaffen,

so sie mit Herzblut schaffen.

*

Kirchensteuer macht den Staat zum Büttel

der wohlhabenden, mächtigen Klerus-Kittel.

Trotzdem kreist das Klingbeutel-Geschüttel.

*

Bischof Tebartz-van Elst hat das Wohl begriffen,

mit dem Kleriker heimlich durch´s Leben schiffen.

Fehlt noch, man entdeckt ihr verborgenes Kiffen.

*

Glaube macht die Seele stark,

so sie von morschem Mark

und nichts als Ängste barg.

*

Jeder Mensch sucht sich seinen Gott,

dem er streng vertraut, bis zum Schafott,

denn seine Stärken verlieren sich flott.

*

Braucht der Mensch eine Religion,

oder ist sie ein historischer Dämon,

eine ehemals erdachte Trost-Version?

*

Es wirkt beruhigend an Gott zu glauben und seine Lehren,

wenn nur die Kirchen mit ihren großen Hallen nicht wären:

Sie wirken wie vereinnahmende, hinterhältige Chimären!

*

Der nietzscheanischen Gottesleugner Bindungslosigkeit
steht für das Feiern eines gelungenen Lebens bereit,
trotz Chaos, Artensterben und vieler Menschen Leid.

*

Hast du bisher keinen Konflikt gemieden,
dich für Streit statt Schlichtung entschieden,
finde mit Gott und der Welt deinen Frieden!

*

Die Existenz Gottes lässt sich nun einmal nicht beweisen!
Aber muss man mit Teekanne und Einhorn entgleisen,
um damit den Menschen ihren Glauben zu entreißen!?

*

Lehrt das Christentum die Sklaven-Moral?
Fesseln und unterwerfen Religionen total,
durch ihr arg bedrohliches Welten-Final?

*

Wann können Ethnien in allen Welt-Regionen,
unabhängig von Überzeugung und Religionen,
endlich respektvoll nebeneinander wohnen?

*

Wenn man überhaupt nicht an Gott glaubt

und alles von Moral und Tugend entstaubt,

dann ist alles, aber auch alles erlaubt!

*

Geistliche bekleiden ein schweres Los:

Ist das Schlamassel noch so groß,

sie haben Trost zu spenden – rigoros!

*

Die uralten Riten der Glaubensgemeinschaften

haben mitunter an sich etwas Überlebtes haften,

als ob sie den modernen Geist noch nicht rafften.

*

Menschen, die stets in religiöser Geborgenheit schwebten,

um die Kirche und Geistliche ein sicheres Netz webten,

erkrankten mental, sobald sie ohne diese Stützen lebten.

*

Geistliche bieten der Gemeinde ihre Kräfte dar,

beflissen organisieren sie diese gläubige Schar,

wie es ähnlich schon seit Jahrhunderten war.

*

XI. 3 POLITIKER

Politiker sollten sich um die Allgemeinheit kümmern.

Aber man hört sie nur von Machtlosigkeit wimmern,

während sie an ihren eigenen Vorteilen zimmern.

*

Politiker gelten als sehr eitel, gierig und korrupt,

was sich immer wieder von Neuem entpuppt.

Nur Diäten-Erhöhungen genehmigen sie sich abrupt.

*

Den Ruhm und die Ehre sollte man Politikern gönnen,

auch wenn sie manch unlautere Vorteile nicht verkennen.

Wer will schon stets von Tagung zu Tagung rennen?!

*

Schüler bekommen alle halbe Jahr ihr Zeugnis,

Politiker nur alle fünf Jahre ihr Wahlergebnis:

Kein Wunder, wenn es das mangelt an Biss.

*

Nie ist die Einigkeit im Parlament so groß,

geht es wieder um die Diäten-Erhöhung los:

Die Zustimmung der Parlamentarier ist famos!

*

Parlamentarier haben es in der Regel nicht leicht:

Bei der Wahl hatten sie genügend Stimmen erreicht,

das Lesen, Reisen, Reden und Tagen aber erbleicht.

*

Was zieren sich Politiker, das Rauchen zu reglementieren,

Was hört man Politiker übers Autotempo zu lamentieren?

Auf der Hand liegendes ist viel schneller zu arrangieren!

*

Für ihr Umwelt-Engagement brauchen Politiker Nachdruck.

Daher geben umfangreiche Demonstrationen einen Ruck,

damit sie handeln, statt zu lavieren – hol´s der Kuckuck!

*

Politiker versprechen viel und können wenig halten,

sie repräsentieren stolz und wollen viel verwalten.

Vergessen sind die hehren Worte, die einst galten!

*

Die Abgeordneten im Deutschen Bundestag

vermehren sich nach Wahlen wie im Taubenschlag,

was keiner aus der Bevölkerung akzeptieren mag!

*

Mit Worten lässt sich vieles verdecken,

wie mit dem Teppich die Bodenflecken.

Nur können Lügen viel tiefer stecken.

*

Waffen- und Drogengeschäfte laufen immer,

die Politik kümmerte sich bisher nimmer;

dabei erscheinen die folgen immer schlimmer.

*

Über 700 Abgeordnete und 16 Bundesländer

kümmern sich vermehrt um eigene Gewänder

und verlieren zum Volk alle Beziehungs-Bänder.

*

Was kommen die Politiker so freundlich daher?

Rückt ihr Wahltag schon wieder merklich näher,

oder werden sie doch noch zum „Volksversteher"?

*

Selbst schwerste Lebensmittel-Skandale
führen meist nur zu kurzfristiger Randale.
Dann ist wieder Ruhe im politischen Saale.

*

Eine Weinkönigin wird Bauern-Ministerin,
eine Laiin gibt sich der Verteidigung hin:
Macht das Wählen da noch einen Sinn?

*

Ein allzu enges Vaterland
in streng autoritärer Hand
vernebelt den Verstand!

*

In Krisenzeiten ist Demokratie zu unversiert,
denn Meinungen werden zu lange diskutiert,
wobei man sehr viel wertvolle Zeit verliert!

*

Eine übereifrige hessische Umwelt-Ministerin
stoppte abrupt Atommeiler und zieht dahin.
Für Hessen bleibt sie Schadensverursacherin.

*

Was Politiker an Regelungen aufladen,

muss die Polizei bei Demos ausbaden,

in der Regel nicht ohne größeren Schaden!

*

Hat das Wort seine Kraft verloren,

sprechen Kanonen, wackeln die Ohren,

Kriegsherren verdienen sich die Sporen.

*

Mit Protestdruck und Panikmache in die Öko-Diktatur

Zieht ein gefährlicher Weg seine politische Spur,

die sich leicht Pfade bahnt, in eine ungewollte Tortour.

*

Der gute Rechts- und Beamtenstaat,

der sich an Regeln übernommen hat,

hält für viele Aufgaben keine Leute parat.

*

Aus Angst, sie könnten das Land verlassen,

belasten Staaten, statt Reiche die Volksmassen,

weil sie ins politische Beute-Schema passen.

*

Wenn der Staat bei Arbeitslosigkeit
hohe Unterstützungsgelder verteilt,
ist es mit der Leistung nicht mehr weit.

*

In den letzten Jahren gelang es zur Mode,
Politiker nutzten ihre kurze Wahlperiode
schamlos für eine lukrative Folge-Episode.

*

International denken und national handeln,
mit einflussreichen Institutionen anbandeln,
aber ja nicht den guten Ruf verschandeln!

*

Politik, die Medien und die Wirtschaft
sind des Rechtsstaates große Kraft,
die Fortschritt und Gerechtigkeit schafft!

*

Europa, Gemeinschaft der Solidarität,
merkte leider erst viel, viel, viel zu spät,
dass ihr England aus dem Ruder gerät.

*

„Erst einmal unser Amerika!

Dann sind wir auch für andere da.

So lautet jetzt unsere Agenda!"

*

Hast du mit deinen Parteigenossen

ein paar Schnäpse in dich gegossen,

reißen sie über dich ihre Possen.

*

Wir erleben es fast jedes Mal

nach einer demokratischen Wahl:

Die Koalitionsbildung wird zur Qual!

*

Die Politik ist ein überaus wichtiges Geschäft,

auch wenn manch´ Volksvertreter böse kläfft.

Hauptsache, er hat rechtzeitig die Segel gerefft.

*

Gegenseitige Rücksichtnahme als künstliches Konstrukt

ist ein gutes Prinzip des Staates, wenn keiner aufmuckt.

Wenn doch, gibt's Exekutiv-Einsatz, damit man zurückzuckt.

*

Etablierte Parteien zieren sich wie die Kleinen,

sich mit Randparteien in Koalitionen zu vereinen,

als gelte Volkes Stimme nicht, könnte man meinen.

*

„Brutto-Nationalglück" als verbrieftes Staatsziel

bedeutet dem Bergvolk von Bhutan recht viel!

Dafür macht der König alle seine Bürger agil.

*

Warum ist die Politik oft so grottenschlecht?

Die Volksvertreter werden nicht jedem gerecht,

meinen aber stolz, sie seien der tollste Hecht.

*

Frauen an die Macht in Männer-Domänen!

Da kann man den Herren Schneid abnehmen,

auch wenn sie politischen Prozesse lähmen.

*

Flüchtlinge, Ressourcen und Umweltschutz:

Soziale Probleme erwecken der Völker Trutz!

Überall Missgunst, Verknappung, Schmutz!

*

In den Nachrichten erscheinen Lotto-Zahlen;

statt Spielsucht einzudämmen, nur Prahlen.

Unsere Politiker verhalten sich wie Vandalen!

*

Die Politiker können es nicht vermeiden:

Sie müssen sich für Koalitionen entscheiden!

Aber der Wähler-Proporz darf nicht leiden!

*

„Macht unser Land wieder stark,

einflussreich, reich und autark!"

International folgt dem ein Infarkt!

*

„Freiheit – Gleichheit – Brüderlichkeit",

der Französischen Revolution Geleit,

aber gefolgt ist eine grausame Zeit!

*

Es ist ein schlechter Witz im Bundestag,

wie er selbst seine Diäten festlegen mag;

aber Renten erfahren einen Niederschlag.

*

Zahlreiche Beamte und Juristen

kann unser Bundestag auflisten.

Sie zählen nicht zu den Vermissten.

*

Wirtschaftskrisen, Sunamis, Feuersbrünste, Proteste!

Trotzdem arrangieren Politiker diverse Freuden-Feste.

Unsere Welt ist heute auch nicht mehr die Allerbeste!

*

Politiker müssen sich während einer Krise

berufen und verlassen auf die Fach-Expertise,

aber Entscheidungen fällen aber ohne diese.

*

Der Bauer, der die Menschen ernährt,

ist anscheinend immer weniger wert,

wie uns die Agrar-Politik oftmals lehrt.

*

Das Arbeitsleben in der Anonymität,

ist das, was heute keiner mehr versteht,

und den Menschen auf den Geist geht.

*

Die weitgehende Integration

sei die Antwort auf Emigration!

Sie schafft die nachhaltige Nation!

*

Hunderte von Abgeordneten mit satter Pension:

Da liefern politische Parteien ihren eigenen Hohn,

denn die Hauptsache scheint die eigene Position!

*

Aufgesetzte Parteitags- und Wahlkampf-Reden,

gemünzt auf die Volks-Gesinnung eines jeden,

erscheinen wie Straßenstaub und Fusselfäden!

*

Wenn Bürgermeister ihre Position nutzen,

um ihre eigenen Einkünfte aufzuputzen,

sind sie mindestens erdgleich zu stutzen!

*

Der Mensch ist ein durch und durch politisches Wesen,

klug, kooperativ, verständnisvoll und sehr belesen.

Mit den fähigsten Politikern ist er gut beraten gewesen.

*

Was sind die wahren Motive für Politiker?

„Geltungssucht!" sagen die fernen Kritiker.

Wünschenswert wären des Volkes Taktiker!

*

Warum haben wir nur so viele politische Instanzen,

mit blutsaugenden Politikern wie lästige Wanzen,

die sich skrupellos noch alle Vorteile zuschanzen?

*

Nichts ist so einmalig konservativ starr geführt,

so wie das nationale Eisenbahn-Netz installiert.

Selbst Politiker sind dagegen flexibler leiert.

*

Proteste zielen auf der ganzen Welt

gegen eine Politik, die nicht gefällt,

denen man sich massiv entgegenstellt.

*

Warum verharren wir auf alten eingefahrenen Gängen,

ja sogar Erfolg versprechende Ideen verdrängen?

Weil wir in Angst und Orientierungslosigkeit festhängen.

*

Politische Parteien wollen lenken und prägen,
mit Worten sind ihre Politiker nie verlegen.
Die Lauteren unter ihnen sind ein Segen!

*

Was ist des Politikers Motivation?
Eitelkeit und Sucht nach Reputation?
Gar die Flucht aus sicherer Position?

*

Alle Menschen sind miteinander eng verbunden!
Das müssen erfahrene Politiker stets bekunden,
zu oft haben sie nur in Kriegen Auswege gefunden.

*

Das Ansehen der Politiker ist dubios:
Zwar zeigen sie sich stets ganz famos,
aber oft ist nicht viel mit ihnen los!

*

Der edle Sozialismus hat sich kaum bewährt,
weil keiner hinreichend Eigentum vermehrt
oder leistungsgerechtes Entgelt erfährt.

*

Man gönne Politikern ein wenig Noblesse,

denn meistens stehen sie im Termin-Stress,

aber für Untaten nimmt man sie kaum in Regress.

*

Mit viel „Passt-schon!"-Gehabe und wenig Passion

beschreiben Journalisten die „Große Koalition",

mit „Aussitzen" und anhaltend gebremster Investition.

*

Wenn Staatspolitiker intensiv drohen

und ein Großteil des Volkes ist geflohen,

beginnen Beziehungen zu verrohen.

*

Ist ein Politiker erst einmal sicher gewählt,

fühlt er sich nicht mehr vom Volk gequält,

vor dem er seinen Eigennutzen verhehlt.

*

Wenn uns das Gefühl der Ohnmacht lähmt,

und sich keiner der Politiker deshalb schämt,

werden immer mehr willenlos und vergrämt.

*

Engländer lieben den europäischen Kontinent,

während sie die gemeinsame Politik verkennt,

und lieber wieder in ihre alte Isolation rennt.

*

So gute, satte Zeiten gab es noch nie!

Aber in der Politik herrscht nur Apathie:

Nichts geht voran, nur die Egomanie!

*

Demokratie fordert gute Bildung,

sonst geraten Wahlen zur Duldung,

nicht zur überlegten Entschuldung.

*

Politiker werden kritisiert, beschimpft,

karikiert, verhöhnt, gehässig verpimpft,

aber meistens zu Unrecht verunglimpft!

*

Wer ist schon wirklich frei und ohne großen Verdruss,

wenn er verschwenderische Politiker unterhalten muss,

die nur eigene Vorteile sehen, mit jedem Beschluss.

*

Die Hilflosigkeit einer politischen Partei

zeigt sich in der schamlosen Keiferei,

als wäre sie ein wild tobender Papagei.

*

Verhindern Politiker mehr und mehr,

den Elite-Status von ihrem Militär,

verflacht ihre Schlagkraft arg prekär.

*

Entarten Politiker zu Witzfiguren,

und Wähler entlarven ihre Spuren,

bestraft er sie für ihre Touren!

*

Auf die Gewalt der Worte

folgen Taten von Kohorten

der allerübelsten Sorte!

*

Die deutschen Politiker haben nach Belieben

zig Ressourcen schaffende Firmen vertrieben,

bis kaum noch welche im Lande verbleiben!

*

Politiker halten ihre Ideologien für richtiger,

ihre Eigeninteressen für noch viel wichtiger,

geben sich aber als große Beschwichtiger!

*

Im Ernstfall kümmert sich jeder Staat

um das eigene Wohl ganz separat,

ohne Vertrags-Treue, ganz rabiat!

*

In Notzeiten zeigen Politiker ihren wahren Geist:

Wer ist´s, der Rechtschaffenheit und Treue beweist

und nicht alle Tugenden über die Reling schmeißt.

*

Befindet sich eine Volksherrschaft noch in starker Position

oder ist sie bereits der Büttel von Lug und Korruption?

Mitunter verkommen Wählerstimmen zu Spott und Hohn!

*

Politiker mit reiner Geltungssucht

seien von vornherein verflucht,

denn sie agieren eitel und verrucht.

*

Pandemien an Krankheit oder auch Gesinnung
führen auf der ganzen Welt zu Verunsicherung.
Nur politische Strategien führen zur Genesung!

*

Die Miserablen unserer Menschheits-Geschichte
schreiben über ihr Elend keine Zustands-Berichte.
Das macht ihr hartes Schicksal gänzlich zunichte.

*

Menschen im hellen Licht
achten auf die Elenden nicht.
So ist es leider schlicht!

*

Winston Churchill, der britische Hocharistokratist
meinte einst: „Im Alter von 20 sei jeder ein Sozialist,
aber ein Dummkopf, der es noch mit 40 Jahren ist!"

*

Eines sollte man fairerweise nicht vergessen:
Politiker streiten für sich, aber unterdessen
auch für unser Wohl und unsere Interessen.

*

XI. 4 RICHTER

Macher Richter ist des Rechtsprechens leid,
denn mit Gerechtigkeit kommt er nicht weit,
weil ihm eine Berufung ins Hause schneit.

*

Rechtsprechung geschieht nach „Positivem Recht".
Das versteht nur ein studierter Juristen-Specht.
Denn milde oder frei davonkommt, wer viel blecht.

*

Sind vor Gericht wichtige Fristen überschritten,
können die Verteidiger um Freilassung bitten.
Warum ist das immer noch nicht umstritten?

*

Wer die permanente Laschheit der Judikative kennt,
versteht, wenn die Exekutive gegen Mauern rennt,
und keiner sieht, wie ihr der Frust in der Seele brennt.

*

Viele Rechtsanwälte glauben mit Recht:

Die meisten Menschen handeln schlecht!

Denn selten sind Aussagen vor Gericht echt.

*

Die Richterschaft drängt wieder auf einen Vergleich,

ist doch der belastete Angeklagte sagenhaft reich.

Wie war das mit der Gleichbehandlung doch gleich?

*

Im nördlichen Flensburg steht ein „Punkte-Haus",

da schauen alle gesammelten Strafpunkte raus.

Hoffentlich verschwinden sie bei Sturm und Braus.

*

Macht sich ein Unfall-Täter aus dem Staub,

so ist das mit Zurückhaltung und Verlaub,

zu bestrafen, wie ein schwerer Bankraub!

*

Bei Unternehmen mit starkem Rechtsbeistand

laufen Kläger gegen eine Betonmauer-Wand,

sei denn, sie haben feste Beweise in der Hand.

*

Wer sich als Schöffe meldet bei Gericht,

weiß oft seine konkreten Aufgaben nicht:

Termin-Einhaltung wird brutale Pflicht.

*

Im positiven Recht werde ich nie verstehen,

weshalb die größten Gauner frei ausgehen,

nur weil Frist-Versäumnisse geschehen.

*

Verteidiger und Staatsanwalt

repräsentieren Rechtsgewalt,

Richter sprechen das Urteil halt.

*

Wer Anweisungen und Vorschriften nie kontrolliert,

sich bequem in schlichtes Vertrauen verliert,

provoziert geradezu, dass gar nichts passiert!

*

Warum können Rechthaben und Rechtkriegen

mitunter nur so sehr weit auseinander liegen?

Der Eindruck wächst: Recht lässt sich biegen!

*

Den Verfahren vorgelagerte Vergleiche

liefern am Ende oft schon das Geistreiche,

was man mit Rechtsprechung nie erreichte.

*

Manchem Richter erscheint eine neue Revision

wie eine peinlich anmaßende Straf-Expedition,

denn womöglich erwächst sein Urteil zum Hohn.

*

Basiert manche außergerichtliche Einigung

noch auf rechtskonforme Bescheinigung?

Meist mehr auf machtkonforme Reinigung!

*

„Im Zweifel für den Angeklagten!" heißt es vor Gericht.

Die Opfer jedoch entschädigt man in der Regel nicht.

Ihr Leiden gilt lapidar als staatsbürgerliche Pflicht!

*

Dem Richter stehen Schöffen zur Seite,

damit er seine Prozesse rechtens leite.

Diese aber sind keine Rechts-Gescheite.

*

Als Kläger muss man sich einen Anwalt nehmen,

da sich Rechtsparagraphen zum Chaos bequemen

und Menschen zum berechtigten Klagen lähmen.

*

Im Regel-Dickicht von Justiz und Steuerrecht

lebt der Bürger weniger recht, mehr schlecht,

denn er ist der Anwälte und Berater Knecht!

*

Das Berufen auf hehres Bürgerrecht,

macht sich in Krisenzeiten schlecht!

Da kommen nur Experten ins Gefecht.

*

Will sich ein Opfer noch erbost beklagen,

weil es Retter aus dem Feuer tragen,

ist ihm eher Danksagung vorzuschlagen!

*

Wenn ein Rechtsanwalt sehen muss:

„Große Gauner halten ihr Leben im Schuss“,

überkommt ihn ein gewisser Verdruss.

*

Als Anwalt Verbrecher zu vertreten,

ist als fresse sein Gewissen Kröten.

Aber das Finanzielle befreit ihn von Nöten.

*

Willst du dein gutes Recht erstreiten,

musst du dich auf Unheil vorbereiten,

in das dich starke Gegenanwälte leiten!

*

Glaube ja nicht, alles sei bei Gericht gediegen,

nach „Recht haben, heißt auch Recht kriegen!":

Gegnerische Advokaten nutzen alle Intrigen.

*

Die um sich greifende Cyber-Kriminalität

hat gar zunehmend steigende Aktualität,

der das Recht machtlos gegenübersteht.

*

Kaugummi-Reste auf den Boden zu spucken

und sich schuldlos verachtend umzugucken

ist arg, wobei sich Ordnungshüter wegducken.

*

Dem Juristen einer großen Kanzlei

ist die Bundes-Politik nicht einerlei,

denn bei Streit wäre er gerne dabei

*

Hinrichtungen sind mit großem Unrecht verbunden,

Auch wenn Täter Recht zum Äußersten geschunden,

bloße Menschenwürde muss man ihnen bekunden!

*

Das gesetzte positive Bürgerrecht

verstehen die meisten Leute schlecht,

denn Herr im Karpfenteich ist der Hecht!

*

Man sieht nur die im Licht,

die im Dunkeln sieht man nicht:

ihre Untaten finden kein Gericht.

*

Denk´ ich an Steuer- und Erbrecht,

wird mir auf der Stelle schlecht,

denn die machen uns zum Knecht.

*

Rache und Rassismus sind üble „Gifte",

so schmerzend tödlich, wie Nadelstifte,

als ob es weit vom Menschsein abdrifte.

*

Wenn die Polizei um die Ecke schaut,

ist den Gaunern der Tag schon versaut,

weil sich dann keiner mehr etwas traut.

*

Anwalt wie Verteidiger meinen es nicht böse,

verhalten sich eben wie These und Antithese.

Für den Richter bleibt die rechte Auslese.

*

Wer war es, der diesen sinnigen Spruch erfand:

„Auf See und vor Gericht ist man in Gottes Hand"!

Rechts-Argumente überwältigen den Verstand.

*

Anwälte sind stets auf der Suche nach Formfehlern bemüht,

damit ihr Mandant den Kopf noch aus der Schlinge zieht,

obwohl jeder Richter seine Untaten unmissverständlich sieht.

*

„Verjährung" ist auch so ein Rechtsverwaltungs-Trick:

So verschwinden Angeklagte eine Zeit aus dem Blick

und kehren dann unbehelligt in ihre Heimat zurück.

*

Gerechte Urteile zu fällen ist nicht immer leicht!

Dem einen sind sie zu hart, den anderen zu weich;

Und kein Fall ist dem anderen exakt gleich.

*

Gerichtsurteile können Laien oft nicht verstehen:

Sie halten die Schuldsprüche für Versehen;

tatsächlich müssen manche in die Instanzen gehen.

*

Die Richter in sehr autoritären Systemen

haben spezielle Rücksichten zu nehmen,

müssen das Recht zu Staatsgunsten lähmen.

*

Sind alle Menschen vor dem Richter wirklich gleich?

Die besten Anwälte leistet sich der, der superreich.

Dagegen wird der Arme mit Pflichtverteidiger ganz bleich.

*

XI.5 LUMPEN, GAUNER UND BANDITEN

Lumpen, Strolche, Gauner und Banditen

gieren nach Orden und anderen Meriten:

Damit ist ihre weiße Weste unbestritten.

      *

Lumpen, Strolche, Gauner und Banditen

lesen nur Wenige mal ordentlich die Leviten.

Daher bleiben sie bei ihren bösen Riten.

      *

Lumpen, Strolche, Gauner und Banditen,

leben solange in ihren unsozialen Sitten,

bis Konstabler sie in Festungshaft bitten.

      *

Lumpen, Strolche, Gauner und Banditen

erdreisten sich in des holden Volkes Mitten,

potentiell Angst und Schrecken zu bieten.

      *

Lumpen, Banditen, Gauner und Strolche
Erkennt man selten schon als solche,
denn sie agieren im Dunklen wie die Molche.

*

Gaunern, Strolchen, Banditen, Dieben und Lumpen
sollte man weder Sachen noch Gelder pumpen,
auch wenn sie dich mitleidsvoll mit Arglist stumpen.

*

Was ist nur aus unseren sauberen Meeren geworden,
was sind wir bloß für unachtsame Verbraucher-Horden,
dass wir mit dem Plastik-Müll die Wassertiere morden?

*

Produkt-Kartelle wurden unter schwere Strafen gestellt,
weil ihr fieses Gebaren aus dem fairen Wettbewerb fällt.
Aber straffrei lebt eine Firma, das Personal-Kartelle hält.

*

Firmenbosse scheffeln trotz Versagen Millionen,
ohne dass sie erfolgreiche Mitarbeiter belohnen:
dürfen mit Macht schamlos auf Reichtum thronen.

*

Folgst du nicht freiwillig meiner Ansicht,

ist es möglich, dass unsere Freundschaft bricht,

denn ich verliere nicht gerne mein Gesicht!

*

Bei Gemeinheit und Hinterhältigkeit,

ist schneller einer zum Morden bereit.

Gäbe doch der Himmel gerechtes Geleit!

*

Dass der Himmel die Menschen richtet,

ist eine Mär, von Menschen erdichtet,

die schon von ihrem Egoismus vernichtet.

*

„Nur bloß keine schlafenden Hunde wecken!

Behörden könnten Ungemach entdecken."

Hört man in Firmen an verschiedenen Ecken.

*

Aufsichtspersonen scheuen unangemeldetes Kommen,

und werden daher auch nicht wirklich ernst genommen:

Sie ziehen davon, ergebnislos und recht beklommen.

*

Wenn Industrie der Behörde Selbstverpflichtung vorschlagt,

ist das so, als wenn ein Wolfsrudel dem Schäfer nahelegt,

dass es für die ganze Schafsherde die Verantwortung trägt.

*

Die Kriminalität im Internet

birgt Gefahren im Korsett,

die man eher gewusst hätt´.

*

Wie sagen in Russland die oligarchischen Schranzen:

„Gefangene Bären lernen auch bald das Tanzen!" -

Und sei es nur zum Vertreiben ihrer Fell-Wanzen.

*

Wirst du des Nachts auf der Straße überfallen,

zeige nicht unbedingt deine schärfsten Krallen,

denn weiteres Unheil könnte die Fäuste ballen.

*

Auf der Straße wie in der Chef-Etage

findet man hohe Kriminalitäts-Courage,

nur die Chefs beherrschen Camouflage.

*

Kleine Gauner spielen mit kleinen Werten,

große Gauner agieren in größeren Gärten

und verfolgen viel lohnendere Fährten.

*

Sind Halunken erst auf die schiefe Bahn geraten,

sind sie kaum noch genießbar durchzubraten,

denn ihr Gemüt wird ledern wie Speckschwarten.

*

Keiner mache sich frei von krimineller Energie:

Denn Gelegenheit schafft die rechte Enthalpie.

Aber in die Situation kommen die Meisten nie!

*

Wie haben uns korrupte Atomphysiker doch belogen:

falsche Angaben gemacht, falsche Schlüsse gezogen.

Heute macht man um Atomenergie einen weiten Bogen!

*

Asbest, Weichmacher, schädliche Arzneien:

Hersteller wollen uns partout nicht einweihen.

Wie sollen wir ihnen das jäh verzeihen!?

*

Unsaubere Geschäfts-Gebaren

gibt es seit Tausenden von Jahren:

Da heißt es nur: Ruhe bewahren!

*

Schlaue Kartelle haben ihre Absprechen eingestellt,

bevor einem Partner die Kronzeugen-Regel einfällt

und der Kartell-Behörde alle Abmachungen erzählt.

*

Korruption beflügelt den Spaß am Geschäft,

so die Behörde ahnungslos bleibt und schläft,

und keiner der Seilschaftler zu laut kläfft.

*

Viel Markt-Wettbewerb unter Unternehmen

kann die Umsätze ganz schön lähmen.

Per Kartell könnten Gewinne wieder strömen.

*

Manch ein Mensch lässt dich nur deshalb näher ran,

damit er mit dem Messer gezielter zustechen kann!

Das kann eine Frau sein oder ein hinterhältiger Mann.

*

Wie an den Straßenrändern überall zu sehen,

erdreisten sich viele, Umweltfrevel zu begehen,

weil sie sich ihre Nachlässigkeit nicht eingestehen.

*

Einer egozentrisch durchtriebene Frau

Wird bei einer Hinterhältigkeit nicht flau,

denn sie kennt ihre Kollegen genau.

*

Treibt es ein Bürger gar zu unverschämt,

dass er die gesamte Nachbarschaft lähmt,

ist´s keiner, der sich zum Einhalt bequemt.

*

Christen haben Juden attackiert,

Andersgläubige brutal massakriert,

was bis in unsere Tage passiert!

*

Das kommt doch ungelogen

ein windiger Vogelangeflogen,

macht einen großen Bogen.

*

Üble Taten bleiben nicht lange verborgen,

kommen ans Tageslicht, heute oder morgen.

Übeltäter sollen sich ruhig darüber sorgen!

*

Krähen hacken sich nicht gegenseitig die Augen aus,

sie halten stets zusammen, in Saus und Braus,

denn jede trägt im Gefieder mindestens eine Laus.

*

Statt einer Urne voller Knochen-Asche

ist der edle Diamant die neue Masche.

Aber wie kommt er in die Samttasche?

*

Ehrgeizigen Bankern sollte man nicht trauen,

weil sie nur auf eigene Vorteile bauen

und weniger auf die der Kunden schauen!

*

Räuber, die Häuser und Banken ausrauben,

fehlen die mittelalterlichen Daumenschrauben,

die ein infames Rauben nicht mehr erlauben.

*

Wenn Ehrungen mehr entehren,,
Titel sich gegen das Nennen wehren,
sind es die Einfältigen, die vom Lobe zehren!

*

Menschen, die Kaugummis auf Gehwege spucken,
müssten Zunge, Arme und Beine tagelang jucken,
dann würden sie sich bei ihrer Freveltat umgucken.

*

Empfiehlt dir einer dringend einen guten Monteur
für Arbeiten rund ums Haus und noch viel mehr,
ist er gar ein aufdringlicher Honorar-Vermittler.

*

Reiche, gebrechliche Männer und Frauen
sollten keiner Handwerker-Rechnung trauen,
denn sie lassen sich übers Ohr gehauen!

*

Hochstapler sind narzisstische Personen,
für die sich Betrügereien zunächst lohnen,
dann aber endet jäh ihr erhabenes Thronen!

*

Haben sich Günstlinge den Job erschlichen,

den man für erfahrene Könner gestrichen,

ist das Unternehmen bald arg verblichen!

*

Wo Aufsicht und Kontrolle bedacht hüten,

die Kontrollierten aber Bestechung bieten,

wachsen Korruptionen, die faule Eier brüten.

*

Wenn sich Kinder kriminalisieren,

weil Eltern Drogen konsumieren,

müssen Behörden intervenieren!

*

Wir laden Schauspieler herzlich zur Bewerbung ein,

denn wer liebt Lug, Trug und den schönen Schein,

wird in unseren Kreisen stets willkommen sein!

*

Die kriminellen Banden

bringen uns Schanden:

Wohl kommt abhanden!

*

Wie gehen Firmen nur mit Beschäftigten um,

die jahrelang schufteten, legten sich krumm?!

Plötzlich sitzen sie beim Arbeitsamt herum.

*

Korruption, Verleugnen und Vertuschen

sind die böswilligen Methoden von Luschen,

die als Schafe unter Bärenfelle huschen.

*

Gerne würde ich an dem Mut partizipieren,

mit dem sich tapfere Frauen revanchieren

und nie ihr Selbstbewusstsein verlieren!

*

Wenn Bosse ihre Macht schamlos nutzen,

indem sie Frauen abfällig herunterputzen,

sollte man ihnen jäh den Einfluss stutzen!

*

Die vielen krassen Menschenmassen

können das Hassen nicht unterlassen,

und fassen Fackeln auf den Terrassen.

*

Es sollte keiner Diskriminierung wagen,

dass betroffene Menschen verzagen;

aber möchte „Negerkuss" dennoch sagen.

*

Während der Sylvester-Knallerei

hört keiner das Mord-Geschrei

bei der Bluttat in der Schlachterei.

*

Korruption in Kirchen, Staat, Unternehmen oder Militär –

Intrigen, Vertuschungen, als wenn alles zum Besten wär:

Vorbildhaft, ausgezeichnet, ruhmreich, gerecht und elitär!

*

Entartet Besitz und Habenwollen zur Gier,

wandelt sich der Mensch in ein wildes Tier,

haben die Gesetze keine Handhabe dafür!

*

Gemeinheiten tragen dich eine Weile,

denn Gerechtigkeit kennt keine Eile,

dann aber erfährst du doppelt Keile!

*

Ist ein Schürzenjäger

auch noch Bombenleger,

ist er ein ganz schräger!

*

Bist du gerne unfair und intrigant,

nimmt dich der Erfolg an die Hand.

Irgendwann aber bist du verbrannt!

*

Versteckst du deine schwarze Seele auch lange

hinter eifrigem Kirchgang und sozialem Gerange:

Die Menschen erkennen dich als giftige Schlange!

*

Es gab braune Brüder nach der Entnazifizierung,

es gab Stasi-Spitzel nach der DDR-Regierung,

auch heute herrscht Vertuschung und Schmierung.

*

Wie sich die internationale Wirtschafts-Moral hat ausbedungen,

waren die Konzerne zu einem „Code of Conduct" gezwungen,

seine Realisierung ist aber nur zum kleinen Teil gelungen!

*

„Selbstverpflichtung" der Industrie
grenzt fast schon an eine Ironie,
an eine „Bock zum Gärtner"-Parodie.

*

Als einst ein Chemie-Unfall nach dem anderen geschah,
war es der Verband, der sich nach einem Ausweg umsah:
Glücklicherweise lag die „Responsible Care"-Aktion nah.

*

Noch in den späten 1990-iger Jahren
waren Industrie-Kartelle gängige Gebaren:
abgesprochener Handel ohne Konkurrenz-Gefahren!

*

Einst kostete ein Dunhill-Feuerzeug zehn Mark,
vergoldet, für fünfzig Pfennig, ein Mikrometer stark,
kostete es zwanzig Mark, weil es Image verbarg.

*

Noch bis ganz am Ende vom zwanzigsten Jahrhundert
hatte man sich über fehlende Stoffkennzeichnung gewundert.
Dann aber hatte die EU-Chemikalien-Agentur gezundert.

*

Ein Netzwerken, wie bei der rüden Mafia,

ist des Arbeitnehmers reinstes Schlaraffia:

Hauptsache die Beziehungen sind stets da!

*

Wenn Verantwortungsträger auf Elite bauen,

und anderen Würde und Chancen klauen,

sind diese gezwungen, ins Leere zu schauen.

*

Exzellent protegierte Angestellte,

immun gegen Kollegen-Schelte,

spüren nicht die Unternehmenskälte.

*

Schwache Führer scharen stets Seilschaften um sich.

Das ist aus Angst und Bequemlichkeit nur natürlich,

und wird erst bei starker Übertreibung klar ersichtlich.

*

Unverfroren schaufeln sie in ihre Taschen,

was immer sie stets und überall erhaschen,

während sie mit „Heldentaten" überraschen.

*

Nach außen die großen Wohltäter,

sind mitunter in Wahrheit üble Verräter

und lachen über ihre ehrenvollen Väter.

*

Gehorsam, Treue und auch der Glaube

drehen an der patriachalen Schraube.

Wehe, wenn sich einer loszuschrauben erlaube!

*

Drittklassige Ehrgeizlinge schließen sich zusammen,

weil sie aus dem Tal der Minderbemittelten kamen,

und unterstützen sich bei der Aussaat der Samen.

*

Will der Gauner-Boss eine Ehrung erhalten,

muss er einen unterstützten Antrag gestalten,

wobei Beziehungen stets als vorteilhaft galten.

*

Kauft man sich einen honorigen Titel,

so ziehe man am besten in ein anderes Büttel,

auf dass man seine Vergangenheit abschüttel´.

*

Will man auf dem freien Markte siegen,

muss man am Recht ein wenig biegen:

heimlich, damit Behörden uns nicht kriegen!

*

Setzen sich Chefs auf jedes Patent,

damit man sie als Kreative anerkennt,

wollen sie nicht, dass man sie Versager nennt.

*

„Obers sticht Unters!" – Man kennt das Spiel.

Also macht man´s und lamentiert nicht viel,.

Noch immer herrscht der alte Gutsherren-Stil!

*

Ach, wie gut dass niemand richtig weiß,

dass ich auf die freie Marktwirtschaft sch....

Unser Kartell läuft sich gerade richtig heiß!

*

Wenn Verbände die karikative Liebe ausnutzen,

müssen die Gütigen darüber hinterher stutzen,

wie sich die Nutzer unverschämt herausputzen.

*

Einst gab man den karikativen Verbänden

seine Unterstützung gerne mit vollen Händen.

Jetzt stehen Heuchler mit Rücken zu den Wänden.

*

Den Tätern in den oberen Hierarchien

hat man Untaten schnell verziehen,

selbst wenn sie auf die Bahamas fliehen.

*

Der Ehrliche wäre stets der Dumme,

der beste Mitarbeiter der Stumme.

Aber wer kassiert die höchste Summe!?

*

Ohne intensive Kontrolle ist keiner gefeit,

Verlockungen machen fast jeden bereit,

und hält seinen Diebstahl für 'ne Kleinigkeit.

*

In manchen Unternehmen herrschen rechtsfreie Räume:

Direktoren genießen ihre einmaligen Herrschafts-Träume,

versprechen Betriebs- und Aufsichtsräten goldene Bäume.

*

XI. 6 ANDERE BERUFE

Nicht ein Kreuz sieht man auf den Meeren,

obwohl viele Seeleute nicht heimkehren,

worum sich nur wenigen Menschen scheren.

*

Der Beruf des Schäfers ist eine Passion,

abseits der Menschen in einsamer Isolation,

mit Natur und Tieren als Überkompensation.

*

Geht ein Polizist in London auf Streife,

damit er endlich den Gauner ergreife,

da vergaß er doch just seine Trillerpfeife.

*

Das Los von Frisören und Bäckern ist Allergie,

ist sie erst da, verliert man sie so richtig nie,

und die Berufskarriere fordert ihre Phantasie.

*

Friseure träumen vom eigenen Salon,

aber wer von ihnen erreicht das schon,

denn so üppig ist nicht der Arbeitslohn.

*

Sagte der Förster: „Nun hört genau:

Lieber im Wald bei einer wilden Sau,

als daheim bei einer zickigen Frau!"

*

Schaltest du große Anzeigen bei Zeitungs-Verlagen,

werden sie dein Unternehmen kaum anklagen!

So kannst du zwei Fliegen mit einer Klappe schlagen.

*

Goldschmiede stehen unter hohem kreativen Druck,

und brauchen einen finanziellen Sponsor-Schluck,

denn sie kämpfen gegen industriellen Modeschmuck.

*

Wenn Kühe nichts zu fressen haben,

die Bauern sich aber im Gasthaus laben,

ist die Landwirtschaft am Abwärtstraben.

*

Recycling-Unternehmen retten Ressourcen-Schätze.

Auf der ganzen Welt haben sie Aufarbeitungsplätze,

aber unzureichende Mengen sind ihre Durchsätze.

*

Auf der ganzen Welt haben wir den Banken

manche schwere Finanz-Krise zu verdanken,

weil sie von Rezession zu Rezession wanken.

*

In einem großen orientalischen Einkaufs-Basar

umschwirren dich die Händler ganz sonderbar,

denn jeder handelt, wie ein Verkäufer-Star.

*

Streicht ein Malergeselle eine Wand,

liegt seine Leistung klar auf der Hand,

die manch´ Angestellter bleibt unbekannt.

*

Schauspieler engagieren sich vehement mit Leib und Seele,

verstecken sich nicht ängstlich in einer Bürokraten-Höhle,

sondern schreien heraus, aus voller Brust und lauter Kehle.

*

Seemann ist ein sehr harter Beruf,

den vermutlich der Teufel schuf,

als er über die Reling ging, an Luv.

*

Bergleute leben ihr halbes Leben unter Tage,

bei extrem harter Arbeit, das ist keine Frage,

und dennoch befinden sie sich in übler Lage.

*

Kommt der Schornsteinfeger, sträuben sich mir die Haare,

da Fachleute die Gasheizung einstellen, all die Jahre,

ist er an sich völlig überflüssig und kassiert nur das Bare.

*

Es wäre ideal, wären Pädagogen für ihre Arbeit berufen,

aber leider erleichtern viele ihre Ausbildung in Stufen,

und lassen sich schließlich von der Pädagogik „behufen".

*

Kapitän zu werden, forderte einst einen langen Weg,

Schiffsjunge, Matrose und ein nach dem anderen Kolleg,

und dann die langen Fahrenszeiten! Ganz schön schräg!

*

Gerätst du als Kapitän in eine größere Havarie,

übernehmen dich Lotsen-Brüderschaften nie,

und lukrative Landjobs werden zur Phantasie.

*

Als Freddy Quinn noch seine Seemannslieder sang,

gab es in der christlichen Seefahrt großen Andrang.

Besonders Österreicher schlichen die Molen entlang.

*

Handwerk hat goldenen Boden?

Als Schreiner machst du Kommoden,

als Schlachter erfriert dir der Hoden.

*

Journalisten machen aus uns informierte Leute,

vor allem über das Gestern und das frühe Heute,

und morgen warten wir wieder auf das Erneute.

*

Vor einem Polizisten habe man hohe Acht,

weil er stets über unsere Sicherheit wacht

und dafür noch viele Überstunden macht.

*

Für Seeleute werden lange Reisen zur Gewohnheit,

lange leben sie an Bord, an Land nur kurze Zeit.

Ihre Fahrten auf hoher See sind stürmisch und weit.

*

Wenn sich Schornsteinfeger ankündigen,

sich an neuen Gasheizungen versündigen,

möchte man sie doch glatt entmündigen.

*

Viele beneiden die Staaten mit einem Königshaus:

Zwar richten sie nicht mehr viel Gravierendes aus,

aber ihre Hochzeiten sind doch ein Augenschmaus.

*

Lauert der Jäger auf dem hohen Ansitz,

machen sich die Wildschweine einen Witz

und stoßen lustvoll an dem Leiter-Stütz.

*

Gewerkschaften haben viele Anpassungen durchgefochten.

Doch mit gleich dickem Garn wurden die Netze geflochten,

da sie keine Einzelfall-Regelungen zu erlangen vermochten.

*

Der Manager singt jedes Firmen-Lied

als armseliges Konzern-Mitglied,

aus Angst vor einem harten Abschied.

*

Den sagenhaften „Ehrlichen Kaufmann"

begegnet man wirklich dann und wann,

wenn man langfristig zufrieden sein kann.

*

Dem Meister wird die einfache Weiterbildung verwehrt,

die der Herr Direktor in Luxus-Hotels mehrfach begehrt,

was wieder die Machtlosigkeit unterer Hierarchien lehrt.

*

Für Akademiker fühlt sich Betriebsräte nicht zuständig,

denn deren Probleme sind ihnen wohl zu aufwendig.

Für die eigenen Vorteile aber agieren sie recht behändig.

*

Konzern-Chefs schalten große Anzeigen-Serien,

und gehen beruhigt in die verdienten Ferien,

denn die Redaktionen werden zu ihren Hörigen.

*

Betriebsräte fressen den Bossen aus der Hand,

seit man im Lande die Mitbestimmung erfand,

was man mit lukrativen Aufsichtsräten verband.

*

As wäre ohne Freiwillige eine Feuerwehr,

mit Schulung, Übungen und noch viel mehr?

Teurer, personalknapp, und vieles liefe quer!

*

Hat eine Lehrerin ihre Schüler im Griff,

kennt sie manch´ pädagogischen Kniff,

und ihr reicht ein entschlossener Pfiff.

*

Sind Trainer selbst vom wilden Ehrgeiz zerfressen,

haben sie ihre eigenen Leistungsdefizite vergessen,

und wollen sich am Talent junger Sportler messen.

*

Pharma-Manager balancieren auf hohem Grat

im Wettbewerb um ein neues Arznei-Präparat

zwischen hohem Gewinn und totalem Desolat.

*

Mancher namhafte Unternehmensberater

umgarnt Vorstände wie ein heiliger Vater

und ist zum Mäusefangen unfähiger Kater.

*

Fliegt ein Kapitän zur See hoch über das Meer,

wundert er sich über die kleinen Schiffe sehr,

hält den schnellen Ozean-Überflug für unfair.

*

Zimmerer-Gesellen ziehen durch die Lande

im traditionellen Zimmermanns-Gewande:

Die „Ehrbarkeit" verbietet ihnen Schande.

*

Nachhaltigkeit gilt als Chance der Industrie,

um Herauszukommen aus ihrer Lethargie.

Ihr bester Ratgeber dabei ist die Chemie!

*

Wie lauten die Erfolgsrezepte der Zukunft

von der viel gescholtenen Industrie-Zunft?

Es wird Zeit für eine verlässliche Auskunft!

*

Viele Akademiker verhalten sich fokussiert,

nachdem das lange Studium deprimiert´:

Mit Kulturellem sind sie oft kompromittiert.

*

Zwar schwelgen die Bosse in Saus und Braus,

kennen sich aber in ihrem Bereich kaum aus,

erzeugen durch Unkenntnis Entwicklung-Staus.

*

Macht Welthandel das Leben der Bauern schwer,

haben an der Landwirtschaft keine Freude mehr,

verkaufen sie ihr Land und geh´n zum Militär.

*

Wenn sie starken Winde wehen,

sich die Mühlen kräftig drehen,

folgt dem Müller Wohlergehen.

*

Es ist ein übergroß´ Begehr

von Polizei und Feuerwehr,

dass ihr Einsatz geachtet wär´.

*

Betriebsrat zu sein, war einst schweres Los.

Durch Mitbestimmung änderte sich das bloß:

Man sitzt beim Aufsichtsrat auf dem Schoß.

*

Mal zu viel, mal zu wenig Pädagogen.

Planungen scheinen wenig ausgewogen,

und die Studenten werden betrogen!

*

Auch die hohen Beamten

zählen oft zu Verdammten

als Teil vom Gesamten.

*

Ist der Emeritus von der Uni entlassen,

wird er die Zeit als Emeritus hassen,

kann er bestenfalls noch Schriften verfassen.

*

Mitunter bauen die Kultusbehörden

übertrieben hohe Ausbildungs-Hürden,

als ob daraus bessere Beamten würden.

*

Edelmetalle genießen einen großartigen Ruf,

weil sie der Kosmos in großer Seltenheit schuf.

Deshalb ist „Recycler" ein so wichtiger Beruf!

*

Ist zeitweise der Bedarf an Arbeitsstellen groß,

fallen Bewerbern die besten Jobs in den Schoß:

kurze Schul- und Ausbildungszeiten reichen bloß.

*

Fängt man ohne Ausbildung zu arbeiten an;

bekundet: „Ich heiße Joe, mache alles!" sodann,

sagen Personaler in USA: „Du bist mein Mann!"

*

Der Chemiker in der Industrie

macht nur noch am Rande Chemie,

Vieles vom Studium braucht er nie!

*

Freies Forschen gewährt nur die Universität,

wobei der Forscher schnell in Geldnot gerät,

wenn er keine kräftigen Sponsoren ausspäht.

*

Ein Kindheitstraum waren einst Pilot oder Kapitän,

denn Jugendliche fanden diese Berufe mondän.

Erst viel später können sie die Berufe realer seh´n.

*

Soldaten und auch Polizisten

sind oft gute Nationalisten,

da sie ein Beamtenleben fristen.

*

Ob Besitzer, die Fabriken oder Güter leiten,

oder brutale Zuhälter mit Bordell-Einheiten:

alle lassen andere für ihr Eigenwohl arbeiten.

*

Da hat man ewig lange Philosophie studiert,

und wird jetzt als Pharma-Referent platziert,

was den Akademiker auf Reisen sehr frustriert.

*

Worauf alle Bauern großen Wert legen:

„Ein vereinzelt einsetzender Regen

bringt der Landwirtschaft seinen Segen!"

*

Die „Zauberlehrlinge" übernehmen den Betrieb,
jagten alte Meister fort, dass keiner mehr blieb,
und im Chaos auch keinen Meister zurücktrieb.

*

Hauslehrer unternehmen schwere Geschäfte,
unterrichten Vieles bis zum Ende ihrer Kräfte:
erzählen, zeigen, fragen und korrigieren Hefte.

*

Hat das Handwerk immer noch „Goldenen Boden",
oder wird es geopfert durch neue Berufs-Moden?
Man das alte Handwerker-Feld mal wieder roden!

*

„Junge Chemiker müssen erst Stallgeruch annehmen",
können sie von den „Grauen Eminenzen" vernehmen,
die sich in ihren lieb gewonnenen Unarten bequemen.

*

Da ziehen sie von Zimmerei zu Zimmerei,
sind bei manchem Holz-Fachwerk dabei,
fühlen sich unabhängig und verdammt frei.

*

Sie bewachen Demos und Stadien,

schwärmen aus in großen Radien,

aber beschimpft in großen Medien!

*

Schutzleute verdienen unser aller Achtung,

denn sie sind für uns stets auf dem Sprung.

Wer zu ihnen „Bulle" sagt, will nur Stunk!

*

Bringen Schornsteinfeger wirklich Glückes Lohn?

Dass sie bei Gasheizungen trotz Fachinspektion

immer wieder erscheinen, ist schon blanker Hohn!

*

Fällt untertage der Vogel von der Stange,

wird dem Bergmann angst und bange,

denn die Atemluft reicht nicht mehr lange.

*

Der Schmelzer am Konverter leitet die Brammen,

die aus modernen Legierungs-Schmelzen stammen,

geschickt und kraftvoll auf Stahlrollen zusammen.

*

Der Löt-Techniker vollführt mit viel Fügegeschick

seine dauerhafte Metall-Verbindungstechnik

mit Lötbrenner, Flussmittel und dem Lot-Stück.

*

Das Schweißen ist ein knochenharter Job!

Selten erhält der Schweißer dafür ein Lob,

schnell aber Fluch, sehr ausfallen und grob.

*

Jeder Junge hegte in seinen frühen Jahren,

den Wunsch auf Lokomotiven zu fahren.

Diese Sehnsucht ließ sich nicht bewahren!

*

Einst galt das Führen einer Lokomotive,

das Fauchen und Dampfen inklusive,

als eine begehrte Berufs-Alternative!

*

Wenn der Heizer den Ofen mit Kohle füllt,

und die Lokomotive vertraut fauchend brüllt,

hat der Lokführer seinen Berufstraum gestillt.

*

Matrosen schicken die neuen Schiffsjungen

gerne auf Kompass-Schlüssel-Erkundigungen,

und lachen sich kaputt, ist ihr Coup gelungen.

*

Im Winter schlagen die Zimmerer mit dem Breitbeil

die frisch gefällten Bäume zu langen Balken feil,

und beliefern das Sägewerk mit einem guten Teil..

*

Juckt der Kerzen-Lobby wieder das Fell,

lässt sie verlautbaren, dass man Kerzen ins Fenster stell´:

So vermehren sich ihre Umsätze wieder schnell.

*

Schlachter erhalten ihr Fleisch von Großschlachtereien,

denn die Anwohner nervte das Schlachtvieh-Schreien,

als ob alle Nachbarn nur Veganer oder Vegetarier seien.

*

Ist beim Schießen „Sicherheit" gegeben,

kann der Rekrut seine Waffe heben,

um seinen Übungserfolg zu erleben.

*

Wirft ein Soldat eine Handgranate
In eine gegnerische Gefechtsscharte,
graust ihn, was sich ihm offenbarte.

*

Hohe Militär-Dienstgrade sind zu grüßen,
mit Blick-Wendung oder strammen Füßen!
Davor kann sich kein Soldat verschließen.

*

Die „Unwörter" in all den vielen Jahren,
die Germanisten dumm aufgefallen waren,
zeigen deutlich das wandelnde Gebaren!

*

Wolltest du einst König werden,
hütest du jetzt deine Schafherden,
und bist glücklicher auf Erden!

*

Der Philosoph: dem Volke fremd, doch von Nutzen,
lässt er die Menschen über seine Worte stutzen,
als würde er die Welt mit Weisheit verschmutzen.

*

In der Backstube zu stehen in früher Stund´,

wird manchem Bäcker-Lehrling bald zu bunt,

denn sein Biorhythmus tat ihm anderes kund.

*

Ein eifriger Chemie-Laborant

verband sich wieder die Hand,

weil er kaputte Gläser vorfand.

*

Ein Forscher sollte, bei aller Pein,

gewissenhaft und gründlich sein,

liegt vor ihm auch ein großer Stein.

*

Drückt der Polizist ein Auge zu beim Alkoholtest,

indem er mahnt: „Pusten Sie nicht zu fest!"

Es war etwas drüber, aber er erließ den Rest.

*

Die Kassiererinnen an den Einkaufskassen

verhalten sich trotz der Hektik sehr gelassen.

Dabei reicht ihr Lohn gar nicht zum Prassen.

*

Der Tischler zimmert die Särge schon auf Vorrat,

denn jede Nacht geschieht wieder eine Bluttat,

solange die Polizei den Mörder nicht gefasst hat.

*

All unser Streben hat der Gemeinschaft zu dienen!

Entgelte bleiben auf angemessenen Schienen,

und Ausbeutungen jeglicher Art sind zu sühnen.

*

Politik ist nach Angela Merkel das Mögliche,

mitunter aber nur das bedauerlich Klägliche

oder gar das ganze Scheitern, das unsägliche.

*

Wissenschaftliche Zeitschriften ohne Karikatur

haben von Humor nicht die geringste Spur,

denn Redaktionen verkennen ihre Leser-Natur.

*

Hat ein Mensch Hochformat,

kann reden, denken und Spagat,

wäre er ein fähiger Diplomat!

*

Erfahrene Manager sind daran zu erkennen,

mit welcher Entschlossenheit sie Wege benennen,

durch die erloschene Öfen wieder brennen.

*

Konzerne nutzen die Mitarbeiter-Fähigkeiten

durch überforderte Chefs, die Personal leiten,

als läsen sie von Büchern nur wenige Seiten!

*

Chemie muss stets eine intelligente Disziplin bleiben,

sich Nachhaltigkeit und dem Fortschritt verschreiben,

aber auch ehrlich kommunizieren, ohne zu übertreiben!

*

Forschungen umfassen einen großen Bereich:

Viele arbeiten an einem innovativen Streich,

um die Zukunft zu meistern, aber nicht risikoreich!

*

Über Seemänner und Bergleute,

die schwersten Berufe bis heute,

gibt es die größte Lieder-Ausbeute!

*

Lotsen steuern die Schiffe durch die engen Scheren!
Dagegen können sich die Reedereien nicht erwehren,
es sei, dass ihre Kapitäne als „Freifahrer" verkehren.

*

Ist es neblig auf hoher rauer See,
sitzt ein Matrose am Bug zum Späh´,
damit er rechtzeitig Hindernisse seh´.

*

Eine Prostituierte von Schwerin
gab sich ihrem Henker hin,
und wurde selbst zur Henkerin.

*

Dreher, Schweißer, Drahtbieger
arbeiten in einer schweren Liga
und schuften wie die wilden Tiger.

*

Ein gutes Krisenmanagement,
deren Auswirkungen keiner kennt,
wandelt sich angemessen permanent.

*

Lehrer haben es mit ihren Pennälern nicht leicht,

weil ihre Autorität auch nicht mehr so weit reicht,

und das Schulamt immer mehr Stellen streicht.

*

Jeder Soldat kann stolz sein auf seine Empathie,

ausgebildet an Waffen, in Taktik und Strategie

für die Sicherheit seiner Staats-Demokratie.

*

Pandemien und Kriege zeigen brutal:

Die Situation in den Kliniken ist fatal,

Gehälter vom Medizin-Personal banal.

*

Piloten und Fährleute haben oft eines gemein:

Sie laden Leute zu einer speziellen Reise ein,

die einen über den Ozean, die anderen über den Rhein.

*

XII. KULTUR

Was der Mensch gestaltend hervorbringt, heißt Kultur,

im Gegensatz zu der von ihm nicht bearbeiteten Natur,

sowie auch Regeln zur Zusammenlebens-Prozedur.

*

Das Geschaffene von bleibendem Wert

wird in Städten und Museen verehrt.

Unbrauchbares auf Müllhalten entleert.

*

Kulturen kommen, Kulturen gehen.

Das haben wir bei Ägyptern gesehen,

lernten bei den Griechen Verstehen.

*

Die Künstler um das Dessauer Bauhaus

dachten sich neues funktionales Design aus:

Architektur, Möbel u. a. bekamen Applaus.

*

Europa rühmt sich umfangreicher Feste-Kultur.

Überall trifft man auf eine Festival- oder Feierspur.

Sie zu zählen, wäre eine aufreibende Inventur!

*

Schaue ich mir fremde Städte an,

miete ich mir einen Führungsmann,

der mir einen Überblick geben kann.

Opern, Musicals, Ballett und großes Theater,

gestalten viele Manager und Kultur-Berater,

aber Steuergelder dienen als „Alma mater".

*

Schillers „Glocke" sowie auch Schillers „Taucher"

eignen sich kaum für eilige Prosa-Verbraucher,

denn die langen Gedichte sind „Köpfe-Raucher".

*

Welche Kultur bringen Flüchtlinge in unser Land?

Fremde Bräuche, Tänze, Gesänge aus ihrem Land,

wie auch Speisen und Textilien von Meisterhand.

*

Die „Göttliche Komödie" von Dante Alighieri,
wurde viel zitiert von Kirche und Philosophie,
denn sie zeugt von atemberaubender Phantasie.

*

Beim Hörbücher-Konsumieren
kann man glatt die Zeit verlieren
und stundenlang dabei studieren.

*

Spielt der Teufelsgeiger wieder auf seiner Violine,
schauen leuchtende Augen zu ihm auf die Bühne,
zucken die Gesichter mit gar mitreißender Miene.

*

Künstler sollen neu und einmalig kreieren,
ihr Stil will die Kulturwelt revolutionieren,
aber Multiplikatoren müssen sekundieren.

*

Um sein verstaubtes Wissen aufzupolieren,
kann man in Bibliotheken fantastisch studieren.
Aber viel Zeit ist dabei schon zu investieren.

*

Willst du die Seele eines Dorfes sehen,

musst du abends in die Kneipe gehen.

Dort wird man dir alles Üble gestehen.

*

Lädt die Kurverwaltung zum Tanzabend ein,

werden die „Kurschatten" nicht ferne sein,

schwöre ich aus Erfahrung Stein und Bein.

*

Bei der großen städtischen Jahresfeier,

spielt auch der Wilhelm mit seiner Leier,

denn ein Orchester ist der Stadt zu teuer.

*

Die Frau des Amtsrats gibt sich ganz kulturbeflissen,

hat sich an die Brust des Chorleiters geschmissen.

Nur ihr ehrenwerter Gemahl darf davon nichts wissen.

*

Kannst du dich bei den Klängen der Musik entspannen,

die einst große Konzert-Komponisten für dich ersannen,

schweben alle sorgenvollen Gedanken von dannen.

*

Bist du im Kino von einer packenden Szene gefangen,

glaubst du, mitten in das Filmgeschehen zu gelangen,

ob in herzzerreißender Freude oder angstvollem Bangen.

*

Spielt sich einer deiner Freunde auf als Berater,

und empfiehlt dir: „Geh´ mal wieder ins Theater!"

So sage ihm: „Seit wann bist du mein Übervater?

*

Musik, die ich am liebsten höre,

ist die der Mönchs-Klosterchöre,

lieber als eine Schlager-Röhre.

*

Bilder von Oscar Schlemmer und Paul Klee,

die ich mir in den Kunstmuseen gerne anseh´,

folgen sachlich konstruktiver Bauhaus-Idee.

*

Musicals vereinen Operette, Tanz und Ballett,

mit Kulissen, Kostümen, Orchester komplett.

Beneidenswert wenn man wieder Karten hätt´.

*

Die Schlösser waren einst nur das Heim des Adels.

„Einmal Prinzessin!", ist der Traum mancher Madels.

Mitunter wird´s wahr, mit Mädels ohne Fehl und Tadel.

*

Was haben Schauspieler mitunter für ein karges Leben,

weil Produzenten die Filme den gleichen Mimen geben

und nicht einmal andere Darsteller wieder hervorheben.

*

Jugendliche wollen sich nicht mehr genieren,

gegen Tatenlosigkeit Erwachsener zu protestieren,

denn die Welt beginnt, an Stabilität zu verlieren.

*

Städte, in denen Gäste unter Toiletten-Not leiden,

sollte man in Zukunft als Besucher besser meiden

und sich lieber für freundlichere Orte entscheiden.

*

Von der Kunst profitierten nur die in ihren Tiefen,

die sich Wissen und Reflexionen zu Hilfe riefen,

die durch anhaltende Bildung in ihnen schliefen.

*

Nur die Kunst der edlen Poesie
wendet sich ganz an die Phantasie,
weder Form noch Farbe unterstützen sie.

*

Auf die Versklavung der Frauen
ist seit biblischen Zeiten zu schauen,
ohne weiblichen Talenten zu trauen.

*

Nur wenige Bürger kennen ihre eigene Stadt,
die oft sehr viel an Kulturellem zu bieten hat.
Auf Veranstaltungen verweist das Tageblatt.

*

Gästeführer bieten eine Menge an Informationen.
Die sich für angereiste Gäste allemal lohnen,
aber auch für die, die in den Städten wohnen.

*

Bücher aus der Hand heraus zu lesen,
von der Tablett-Konkurrenz genesen,
ist schon immer eine Erbauung gewesen.

*

Hörbücher eignen sich für lange Autofahrten,

wo sie zum produktiven Zeitvertreib geraten,

wenn sie mit wissenswertem Inhalt aufwarten.

*

„Kommen sie näher, kommen sie ran!",

ruft der bunt gekleidete Jahrmarktsmann,

„HIER gibt´s Sensationen, nicht nebenan!"

*

Die Brüder Grimm besorgten sich als Germanisten,

Wort-Definitionen aus aller Welt von Sophisten,

um sie in alphabetischen Wörterbüchern aufzulisten.

*

Willst du mal wieder ins Kino gehen,

um dir einen neuen Film anzusehen,

ist Popcorn mit bei dem Geschehen.

*

Persönliche Beurteilungen in Unternehmen

erlauben Chefs, sich Einflüssen zu bequemen,

um Mitarbeiter zu strafen, ohne sich zu schämen.

*

Die Chemie-Industrie schwört auf Selbstverpflichtung,

und Behörden verfechten die Personaleinspar-Richtung:

Da verschiebt sich aber gewaltig die Gleichgewichtung!

*

Ein Schneemann ist im Winter schnell gebaut,

Kinder rollen den Schnee, lachen und rufen laut.

Aber schon bald ist er wieder herunter getaut.

*

Für Film, Fernsehen, Museen und Theater,

benötigt man heute einen Kultur-Berater:

Für neue Konzeptionen ist er der Übervater!

*

Maler, Bildhauer, Schauspieler, Tänzer, Fotografen,

für alle wurden Preise und Auszeichnungen geschaffen,

damit die Kultur-Verantwortlichen besser schlafen,

*

Fernseh-Programme, die Werbung enthalten,

wollen wir überhaupt nicht mehr einschalten,

solange Sender auch Werbefreies bereithalten.

*

Man sollte mal öfters ein Museum besuchen,
an der Kasse einen Audio-Führer buchen,
und alles reflektieren bei Kaffee und Kuchen.

*

Ein Buch, Konzert, Museum oder Operette:
Kultur ist so überaus vielseitig und ich wette,
dass manch einer das nicht erwartet hätte.

*

Heute gehen wir mal wieder ins Kino, Schatz:
Ich habe für uns einen Lauschigen Logenplatz.
So ein Fernseh-Abend ist dafür kein Ersatz!

*

Ferne Reisen, fremde Menschen, ferne Länder:
TV-Abenteuer über Abenteuer am Sofa-Geländer;
dabei Hausanzug, statt Globetrotter-Gewänder!

*

Vorstellungen sind Events, Feste gar Festivals,
mit Musik, und laut aus Lautsprechern schallt´s.
Jeder reckt sich nach den Promis seinen Hals.

*

Jede Stadt hat ihre Veranstaltungen und Feste,

erwartet von weit her eingeladene Promi-Gäste,

rühmt sich, als hätte sie von allem nur das Beste.

*

Halloween schwappte nach Europa herüber,

mit Gespenster-Kürbissen und Geister-Gestüber,

Kinder ziehen durch die Gassen im Grusel-Fieber.

*

Theater, Oper, Ballett sind Furcht erregend teuer,

fressen einen Großteil unserer Einkommenssteuer:

eine finanzielle Umverteilung für Kultur-Betreuer!

*

Wer die kulturellen Errungenschaften nicht nutzt,

ist erheblich um Kultur und Vermögen gestutzt,

da die Steuer hauptsächlich die Kultur ausputzt.

*

Kultur geschieht auch vielfach in Vereinen -

setzt Tausende von Menschen auf Beinen,

die sich recht gerne zu engagieren scheinen.

*

Die Brüder Grimm waren schon zu Lebzeiten
als Sprachforscher bekannt in allen Breiten,
Märchen konnten ihren Ruhm nur noch weiten.

*

Embleme, Symbole oder Abzeichen
können gar bis zu Ritualen reichen,
in denen Menschen ihr Ego streichen.

*

Militär-Aufmarsch, wie zu einer großen Schlacht,
ist Ritual zur politischen und militärischen Macht,
das auch bei den Menschen Euphorie entfacht.

*

Gemeinsame Rituale stärken den Zusammenhalt,
was schon bei den indigenen Steinzeit-Völkern galt,
teils unbegrenzt mit Empathie oder grober Gewalt.

*

Die Hochzeiten gelten als unsere letzten Rituale,
man erfährt die Verwandtschaften in der Totale,
vom kleinsten überschaubaren Kreis bis ins Fatale.

*

Beim Karneval entfliehen wir unserem Alltag,

weil man sich einmal ganz anders sehen mag,

mit einem Wesen, das uns schon immer lag.

*

Rituale erleichtern die schwere Trauerzeit

mit Anteilnahme, Musik und Kapellen-Geläut,

durch Freundes- und Verwandten-Geleit.

*

Reinhold Messner kann man live erleben,

denn höchste Berge galten zu überleben:

das Herausgeforderte ward ihm gegeben.

*

Gehen den Schulen die Lehrer aus,

herrschen Chaos und Arbeits-Graus.

Aber lernen Kulturbehörden draus?

*

Der Rudi Völler und die Brüder Grimm

Sprechen mit gleicher Hanauer Stimm´

In die Welt hinaus über die Heimat-Kimm.

*

Die Brüder Grimm und Paul Hindemith
nehmen auch den August Gaul noch mit,
und die Hanauer Legenden sind zu dritt.

*

Schillers Taucher und die Glocke:
Genial! - Ich bin von der Socke!
Da sind meine Verse eine Flocke.

*

Bei der großen Prominenten Gala
treffen sich Stars von hoher Skala
sowie viele Möchte-gern-Prahler.

*

In Goethes und Schillers Balladen-Jahr (1797)
boten die großen Dichter Prosa dar,
worunter auch Schillers „Taucher" war.

*

Goethes Zauberlehrling kam in Bedrängnis:
Aus seinem Machtrausch wurde Verhängnis,
das der Meister wieder zum guten Ende wies.

*

Ballett-Vorführungen sind ein teures Vergnügen,
weil sie über viele verschiedene Künstler verfügen,
den schmalen Eintrittsgeldern aber selten genügen.

*

So viele bunte Zeichen und Symbole auf der Haut!
Das hätte sich vor Zeiten kein anständiger getraut.
Dumm, wer damit auf Schönheit und Achtung baut!

*

Man sollte mal wieder ins Theater gehen,
um neue Inszenierungen zu verstehen,
und nicht immer nur abends fernzusehen.

*

Mit den Sendungen vom Funkkolleg
habe ich einen tollen Bildungs-Beleg,
dass ich mich auch geistig beweg´!

*

Auf die Lotto-Zahlen in den Nachrichten
ist zugunsten Wichtigerem zu verzichten,
um darüber ausführlicher zu berichten!

*

Ist der Beschenkte dem Schenker verpflichtet,

wenn dieser freundschaftliche Freiheit vernichtet?

Oder ist Schenken auf bloße Tradition gerichtet?

*

Alle Jahre, und immer, immer wieder,

singen wir gleiche Weihnachtslieder,

besuchen Gottesdienste ganz bieder.

*

Wieder Weihnachtsmärkte allerorten,

wo sich Kerzen, Kugeln, Kringel horten,

zur Adventszeit öffnen sie ihre Pforten.

*

Wissen alle nicht kulturbeflissenen Leute,

welch´ Steuergelder fließen als Kultur-Beute

an eine recht kleine privilegierte Kulturmeute?!

*

Ob Totensontag oder Volkstrauertag,

an denen ich schwarze Kleidung trag´,

aber nicht mehr zu Gräbern gehen mag.

*

„Zieh´ dich ordentlich an, was denken die Leute!"
So bin ich schon seit Jahren der Tradition Beute
und gehe mit den alten Riten der betagten Leute.

*

Mit Büchern tauchen wir in eine neue Welt,
die Wissenswertes wie Aufregendes bereithält,
uns aber nicht vor Herausforderungen stellt.

*

Männer träumen von dem Gang des John Wayne,
Frauen von dem noblen Flair der Dietrich, Marlen´:
Keiner kann den großen Filmhelden widersteh´n!

*

Warum bin ich den Kriminal-Geschichten verfallen?
Diese Verflechtungen und das schreckliche Knallen
schenken uns die sichere Auflösung zum Gefallen.

*

Moral ist nicht einklagbar!
Das finden Filous toll sogar:
So lebt Unmoral immerdar.

*

Bildkünstler, Poeten schaffen Werke für die Ewigkeit,

Schauspieler und Sänger dagegen nur für kurze Zeit,

es sei, Ton- und Filmstudios stehen für sie bereit.

*

Lässt sich das Gedächtnis durch Rätsel trainieren,

sollte man das Training eher mit Sudoku probieren,

oder lieber Verse von Goethe und Schiller studieren?

*

Gehst du zu einer dieser Schriftsteller-Lesungen,

hörst du vielleicht Ausschnitte seiner Genesungen,

aber auch für das eigene Wohl einige Lösungen.

*

Der heidnische Brauch des Feuerwerks

kommt mir vor, wie der eines Zwergs,

der Stärke zeigen will und jeder merkt´s.

*

Wenn eine Oper scheinbar nie zu Ende geht,

da man ohne hin kein einziges Wort versteht,

ist es nur die Musik, um die es sich dreht.

*

Am Osterfest müssen es bemalte Eier sein,

zu Weihnachten gehört der Lichterschein

und an den Fastnachtstagen bricht alles ein.

*

Wenn im Herbst die Oktoberfeste steigen,

tanzen die Bayern ihren Starkbier-Reigen,

um der ganzen Welt ihre Kultur zu zeigen.

*

In der menschlichen Kultur-Geschichte,

machte man Moral schon oft zunichte,

verheimlicht derartige Zeugen-Berichte!

*

Die Moral von einer Geschicht´

ist zumeist einfach und schlicht

aber die meisten berührt sie nicht.

*

Viele Menschen verstecken sich

hinter einem starken Duft-Teppich,

und riechen mitunter fürchterlich!

*

Die alte Sitte, festlich Kerzen anzuzünden,

beinhaltet zwar nur kleine Umweltsünden,

kann bei Millionen aber in „Großbrand" münden.

*

Der giftige Sylvester-Feuerwerksstaub

erwächst vermehrt zum Gesundheitsraub,

aber Umweltbehörden stellen sich taub!

*

Im Theater-Kino auf der Großleinwand

wirken alle Filme so äußerst imposant,

als man es je vorm Fernseher empfand.

*

Statt Socken schenke man ein Buch,

denn an Büchern hat man nie genug;

am besten mit persönlichem Bezug!

*

Die Narrenschar ruft auf zum Karneval,

zur Zeit der Ausgelassenheit wieder mal,

ehe es ernst wird mit der Fasten-Qual.

*

Ein einziger Museums-Besuch
am Tag ist schon reichlich genug,
sonst verliert man den Bezug!

*

Man kann Bücher oder Hörbücher fassen,
ganz wie sie zur guten Stimmung passen:
selbst entspannt lesen oder lesen lassen.

*

In Bibliotheken und Bücher-Schränken
bekommst du Lesestoff ohne Bedenken,
um ihm deine Hingabe zu schenken.

*

Karikaturen standen lange nicht in der Gunst.
Doch allmählich entsteigen sie diesem Dunst,
gelten als eigenständige, anerkannte Kunst.

*

Häufen sich die Empfänge wie eine bunte Schar,
beginnt wieder ein neues verheißungsvolles Jahr,
was wieder erfolgreicher wird, als das alte je war.

*

Städte entwickeln sich,

geplant verantwortlich,

und sehr übersichtlich.

*

Ob nun E- oder U-Musik,

sie sind des Lebens Glück,

bei der ich ganz entrück´!

*

Jazz in Hot oder Swing,

bleibt ein kreatives Ding.

Auf dass es Freude bring´!

*

Schmuck-Designer schaffen Miniaturen

als am Körper tragbare Kunst-Figuren,

hinterlassen individuell gestreuten Spuren.

*

Das Goldwaschen am sandigen Rhein

brachte einst ein Goldenes Flies ein,

ein Schaffell mit goldenen Flitterlein.

*

Genieße die Fernseh-Filme mit Werbepausen,

da hast du reichlich Zeit, zur Toilette zu sausen

oder die Reste vom Abendbrot zu verschmausen.

*

Zieht dich Spannung in den Bann,

fasse doch einen Weidezaun an:

Da liegt sogar Hochspannung dran!

*

Wenn Banausen in Museen gehen,

werden sie davon so viel verstehen,

als ob Sämänner auf Asphalt säen.

*

Am Gold hängt ein Mythos,

denn es glänzt grandios

und lässt keinen mehr los!

*

Kritiker von Kunst und Literatur sollten sich schämen,

denn ihre Arbeit ist der Versuch, rachsüchtig zu zähmen,

um gefühlvolle Erotik mit trister Hermeneutik zu lähmen.

*

Fällt man im Bildungs-Kataster

schon durch das Grundschul-Raster,

bleiben einem nur die Laster!

*

Von was lebt eigentlich die Kultur?

Leider von Steuergeldern fast nur!

Eintrittsgelder machen nur die Spur.

*

Was wäre das Leben ohne Kultur?

Die reinste Öde nur,

neben der Daseins-Tortur.

*

XIII. UMWELT

„Am 30. Mai ist der Weltuntergang.

Verkauft alles! – Wir leben nicht mehr lang´!"

Ein altes Lied, dessen Häme macht bang´.

*

Die Welt wird, trotz anthropogener Klima-Geschehen

nicht gleich mit apokalyptischen Reitern untergehen,

auch wenn Dämme reißen und starke Stürme wehen.

*

Alles steht unter dem Primat der Biologie,

selbst die geistigen Vorgänge, wie Phantasie,

aus Sicht der biologischen Anthropologie.

*

Menschen kratzen die letzten Erze aus dem Boden,

verbrauchen Ressourcen, aber wollen sie nicht roden.

mit intelligenten vollständigen Kreislauf-Methoden.

*

Die Erd-Ressourcen neigen sich dem Ende zu,

das Wetter wird zum chaotischen Tohuwabohu.

Die engagierte Jugend gibt da nicht länger Ruh´.

*

Produkte mit Mikroperlen auf den Markt zu bringen,

ist ein übles Unterfangen unter allen den Frevel-Dingen

Behörden müssen sich sofort zum Stopp durchringen!

*

Oktopoden verfügen über einen Papageien-Schnabel,

mit dem reißen und fressen sie ganz passabel,

wenn auch zumeist nicht mit Messer und Gabel.

*

Es sind die beiden Greifarme des Oktopus,

mit denen er die Beute erfassen muss,

sonst ist es womöglich sein eigener Exitus.

*

Firmen, die Mikroperlen in ihren Produkten einsetzen,

sollten Behörden endlich die Justiz auf´s Fell hetzen,

damit sie nicht länger vorsätzlich die Umwelt verletzen.

*

Warum lässt sich hierzulande kein Tempolimit durchsetzen,

wo schnelle Autos gefährlich über unsere Straßen hetzen?

Der nächste Wildwechsel könnte sie übel zerfetzen!

*

Plastik und Weichmacher erwachsen zu einer Gefahr,

aber die Produzenten stellen sie als sehr harmlos dar,

wie es schon so ähnlich in der Asbest-Krise war.

*

Menschen ersticken noch immer zu Tode durch Rauch,

so wie einst in Londoner und im Ruhrgebiet auch,

denn qualmende Öfen schlagen auf Kopf und Bauch.

*

Lassen sich an neuen Gebäuden plötzlich Risse sichten,

liegt das alten an Erzabbau-Gängen, die sich verdichten

oder an ausgetrockneten abgeschöpften Bodenschichten.

*

In das Gleichgewicht der vielen Tier- und Pflanzenarten

greift der Mensch gedankenlos ein, ohne lange zu warten,

ob dadurch alte Harmonien in Ungleichgewichte geraten.

*

Von unserer Umwelt und der weiten Natur

lernen wir manch´ geheimnisvolle Prozedur.

Allein eine Herbst-Wanderung ist eine Kur.

*

Um die Geheimnisse unserer Umwelt zu ergründen,

müssen wir ihre Regeln und Zusammenhänge finden.

Mitunter lässt es sich mit neuem Knowhow verbinden.

*

BIONIK geriet gar zum Zauberwort,

denn die Natur ist ein Wissens-Hort,

den die Techniker untersuchen dort.

*

Naturgesetze, von der Statistik geprägt,

haben schon zu viel Knowhow angeregt,

das unter Menschen weite Kreise schlägt.

*

Wasser, Luft und Boden, die Umwelt-Kompartimente,

eignen sich nicht für unvorhersehbare Experimente,

geben sie auch noch so schöne Aussicht auf Patente.

*

Abfälle sin die Basis von neuen Rohstoffen.

Sie sind sorgfältig zu trennen, wie alle hoffen,

denn vom Erfolg sind alle Bürger betroffen.

*

Lass´ im Sommer ruhig das Wasser lange laufen,

damit deine Blumen und Rasenpflanzen fast ersaufen.

Dein Brunnenwasser brauchst du ja nicht zu kaufen!

*

Statt in der vollen Badewannen aalend zu sitzen,

sollte man sich lieber mit der Dusche abspritzen!

Das kann auch sehr dem Wassersparen nützen.

*

Lebst du ganz alleine,

reichen auch kleine

Fahrzeug-Beine!

*

Forscher verweisen auf bedrohliche Erderwärmung:

Sie macht einem immer schnelleren Höhensprung.

Die Menschen stehen da, ohne Ideen und Erfahrung

*

Es gibt schon seit Dutzenden von Jahren
integrierte umweltfreundliche Verfahren,
deren Pläne Firmen in Archiven verwahren.

*

Wer Müll auf an Straßen verklappt
und wird dabei zufällig mal ertappt,
gehört ein Denkzettel aufgepappt!

*

Luft ist ein sehr allgemeines Gut,
überwacht vom Umwelt-Institut,
bei Frevel ohne Ahndungs-Mut.

*

Wie können wir persönlich unsere Umwelt schützen:
Im Winter mit Pelzmantel in der guten Stube sitzen?
Wir bekommen nur Ratschläge, die nicht viel nützen!

*

Häuser mit starker Isolierung versehen,
wenn stundenlang Fenster offen stehen?
Manch´ Ratschlag führt zu üblem Vergehen.

*

Seerosen, Sträucher, Blumen, Pflanzen
verschönern den Hausgarten im Ganzen:
kann mich in einem Paradies verschanzen.

*

Sei achtsam mit den Prozessen in der Natur!
Alles vollzieht sich in vernetzter Prozedur:
auf Bergen, im Watt, in Seen, Wald und Flur.

*

Ist der Morgennebel endlich verschwunden,
kann der Tag einen Sommertag bekunden,
hatte er doch hinreichend Sonne gefunden.

*

Auch der kalte Winter hat seine guten Seiten:
Zeigt er doch unendlich eingeschneite Weiten
und kann uns eine saubere, klare Luft bereiten.

*

Im winterlichen Schnee erkennst du die Spuren
von Tieren und Autos, die des Nachts fuhren,
aber eingefroren sind alle Wasser-Armaturen.

*

Dass ein Großkonzern in Umwelt investiert,

kann keine Nachricht sein, die interessiert,

solange sie nicht die Erfolge präsentiert!

*

Fällt im Jahr ein Meter pro Quadratmeter Regen,

kann man überschlagen und sich gut überlegen:

Das Auffangen von 70 m³/ Person bringt Segen.

*

Eine kleine Windmühle bringt Energie zuhauf:

läd direkt am Haus den Rasenmäher-Akku auf,

oder man setzt den Akku auf den Bohrer drauf.

*

Steigen wir gewissenlos in Sport-Utility-Vehicle ein,

oder darf es nicht auch eine Nummer kleiner sein?!

Und nicht jeder benötigt Vierrad-Antrieb obendrein!

*

Wohnräume erwärmen wir winters auf zwanzig Grad:

Das hält für alle hinreichend Wärmeenergie parat,

im Arbeitszimmer, in der Küche sowie im Bad!

*

Mit Fahrrad erreicht man in Ortschaften alle Ziele!

Dafür benötigt man in der Regel keine Automobile.

Termine bei Regen und Schnee hat man nicht viele!

*

In ganz Europa herrschen Geschwindigkeits-Grenzen?

Aber im Zentrum will man bei dieser Regel schwänzen,

denn die Deutschen wollen mit schnellen Wagen glänzen.

*

Großflugzeuge jaulen durch die Luft und ätzen,

schon 50 km, bevor sie zur Landung ansetzen,

um Millionen Bürger durch Lärm zu vergrätzen.

*

Die Technikfolgen-Abschätzung hat oft versagt,

weil der Betreiber nur unzureichend nachfragt,

was später der Leidtragende zu Recht beklagt.

*

Von FCKW, Dioxinen, Quecksilber und Asbest,

leidet die Umwelt noch durch einen großen Rest!

Aber niemand stellt das, bis heute, so genau fest.

*

Kohlendioxid an den Anfall-Stellen direkt zu fangen,

lässt wohl kaum um hinreichende Effizienz bangen,

denn aus der Luft kann man nur zu wenig gelangen!

*

Güter gehören zum Vermeiden der LKW-Lawine

schon seit dem „Leber-Plan" auf die Schiene,

da der Eisenbahn-Transport zur Entlastung diene!

*

Die Energien von Sonne, Wind und Wellen,

gelten als bedeutungsvolle Energie-Quellen,

die uns Sonne und Mond zur Verfügung stellen.

*

Die Windräder haben uns schon viel Strom gebracht:

Sie drehen sich unermüdlich bei Tag und auch bei Nacht.

Nur bei den Anrainern haben sie manch Unmut entfacht.

*

Flugzeuge durchqueren unsere Stratosphären,

als wenn sie große abgasfreie Zugvögel wären,

in alle Richtungen, wie interstellare Fähren.

*

Pflanzen halten uns den Lebenszyklus vor Augen,

zu dem sie mit ihrem kurzen Lebenslauf taugen,

wachsen genügsam, ohne Ressourcen auszulaugen.

*

Netzwerke und elektronische Datenverarbeitung

gewinnen sehr schnell und stark an Ausweitung

sowie bei Mensch und Wirtschaft an Bedeutung.

*

Pflanzen verdorren im Wüstenwind,

weil ihre Wurzeln zu kurz geraten sind,

bei Regen blühen sie wieder geschwind.

*

Soll die Welt nur noch elektrisch laufen,

muss man das Kobalt aus Afrika kaufen,

für das Kinder in den Minen ersaufen.

*

Der Bund der Steuerzahler klagt Verschwendung an,

die der Staat anscheinend nicht vermeiden kann:

Warum kriegt man nicht mal die Verschwender dran?

*

Einsam steht eine Brücke auf weiter Flur:
Sie fällt erst auf bei einer späten Inventur.
Die Straße dafür vereitelte eine Korrektur.

*

Seht ihr den Müll am Straßenrande!
Was sind Menschen für eine Bande,
die nichts lernen aus dieser Schande!?

*

Energie-Trends laufen auf totale Elektrifizierung hinaus,
und dabei kommt man nicht ohne die Kobalt-Akkus aus,
ungeachtet der afrikanischen Kinderarbeit-Minen-Graus!

*

Elektro-Autos benötigen viele Kobalt-Batterien,
und die wiederum diverse Recycling-Industrien,
sonst hat man zu früh nach E-Autos geschrie´n!

*

Unsere Mutter Natur handelt extrem intelligent,
denn sie erscheint als Millionen-Jahre-Event,
das sämtliche Schliche zur Optimierung kennt.

*

Eichen, Birken, Ulmen oder auch die Buchen
solltest du nicht gerade bei Gewitter aufsuchen,
sondern mach´ dich flach wie ein Pfannkuchen!

*

Was ich wohl niemals richtig erkennen werde:
Ziehen die Wolken oder dreht sich die Erde?
So wie ein stehender Zug fährt, zieht eine Herde.

*

Sternenklare Nachthimmel beeindrucken über alle Maßen:
Die unendlich vielen hellen Sterne und sogar Milchstraßen,
als ob fremde Himmelswesen sie einzusammeln vergaßen.

*

Zieht sich das Chlorophyll in die Pflanze zurück,
vollzieht sie einen zauberhaften Erhaltungs-Trick,
denn nur einfache Stoffe lässt sie im Blatt zurück.

*

Fällt eine Katze auf sanfte Pfoten,
hat´s ihr die Evolution so geboten.
Wir sollten das lieber nicht ausloten!

*

An roten Plakaten und Verkehrszeichen

sieht man mit der Zeit die Farbe weichen,

weil UV-Strahlen zur Zerstörung reichen.

*

Fluglärm sowie die elektromagnetischen Strahlen,

verursachen spürbare und unterschwellige Qualen,

mit der uns Industrien das Wohlbehalten stahlen.

*

Leuchtet der Mischwald von Grün über Gelb bis Dunkelrot,

kommt bald die eisige Kälte als des langen Winters Gebot.

Dann heißt es: vorsorgen und einlagern – sonst ist Not!

*

Wirst du eines Bürgers illegale Entsorgung gewahr,

verweise ihn nicht erst lange auf die Umweltgefahr,

sondern greife ihm ganz gehörig in sein Haupthaar.

*

Haare sollte man als Ressource achten

und als Horn-Dünger in Gärten verfrachten!

Das bessere Wachsen lässt sich betrachten.

*

Unsere Sinne bestimmen die Grenzen der Erfahrung;
Moderne Speisen zeigen die Grenzen der Nahrung,
aber niemand denkt an die Ressourcen-Bewahrung.

*

Die Natur bietet so viele Freiräume,
dass ich vom langen Wandern träume,
sie zu bewundern nie versäume.

*

Wenn der Schnee die Landschaft wieder verwandelt,
als ob es sich um riesengroße weiße Laken handelt,
die verdecken wollen, was Menschen verschandelt.

*

Ultrafeinstaub ist das neue Umweltgift,
eine chronisch toxische Abgas-Drift,
die uns aus allen Verkehrsmitteln trifft.

*

Strom ist eine saubere Energie-Quelle?!
Das sagt sich so leicht auf die Schnelle.
Wer aber kennt die Entstehungsstelle?

*

Wer kennt die Gifte, nennt die Konsequenzen?

Wo liegen ihre vielen Verträglichkeits-Grenzen?

Verborgen, verschwiegen unter Grabkränzen!

*

Nanostäube durchdringen das Gehirn,

können langsam Gedanken verwirr´n,

die einst walteten hinter kreativer Stirn.

*

Die Beifuß-Ambrosie mit variabler Blattgestalt

begegnet uns schön häufiger in Flur und Wald,

ihr allergenes Potential bemerken wir allzu bald!

*

Zu einem sinnvollen Umweltschutz

zählt auch Recyceln von Schmutz

nach umfangreichen Anlagenputz.

*

Erfinder und Hersteller von Gerätschaften

denken zu wenig an Hinterlassenschaften:

Sie sollten mangelndes Recycling haften!

*

Das kopflose Versiegeln von Grünflächen

wird sich eines schönen Tages bitter rächen

und in das Wohl der Menschen einbrechen!

*

Wärme und Licht sind Energien,

die wir in Europa teuer geliehen,

in Afrika aber von selbst einziehen.

*

Wenn Regen gar als Unwetter fällt,

sich in katastrophaler Weise einstellt,

bereitet er Kummer, kostet viel Geld!

*

Ob in des heißen Sommers Schwüle

oder in des Winters Schneegewühle:

Die Natur regt stets innigste Gefühle!

*

Inertstäube setzen unserer Gesundheit arg zu,

für die meisten Politiker ein Handlungs-Tabu,

Atemwege-Erkrankungen kommen nicht zur Ruh´.

*

Umweltgift-Messungen, fern am Straßenrand,

bedeuten zwar einen großen Analysen-Aufwand,

die Inkorporation von Fahrern aber wird verkannt!

*

Wenn ein großer Apfel, den der Baum hochhält,

plötzlich in eine hungernde Menschenmenge fällt,

ist es so, wie es sich mit den Ressourcen verhält.

*

Vom Ende der Ressourcen wurde lange gesprochen.

Aber die Verantwortlichen haben sich verkrochen.

Wann sind die ersten Staaten zusammengebrochen?

*

Überraschendes Wetter-Chaos,

an Orten, wo sonst nichts los!

Was steuert das Klima bloß?

*

Ist Greta Thunberg die aktuelle Jeanne d´Arc?

Sie macht sich symbolhaft für Klimaschutz stark,

und ihr Engagement trifft der Politik ins Mark.

*

Dein ganzes langes Leben
sei allzeit dein Bestreben,
deine Heimat gut zu pflegen.

*

Die Sonne schenkt uns Energie im Übermaß,
doch wir beschäftigen uns mit alternativem Spaß
und verlieren dabei das rechte Augenmaß.

*

Wenn sich eisige Pol-Kappen schmelzend neigen
und die Meeres-Spiegel weltweit merklich steigen,
konnten sich die Schmutz-Auswirkungen zeigen.

*

Um Umweltauswirkungen der Verbrauchsgüter
kümmern sich keine Produzenten-Gemüter,
nach dem Motto: „Bin ich der Welten Hüter!?"

*

Produzenten wollen keine Recyclate nutzen,
weil sie ihre eigenen Herstellmengen stutzen,
und sie müssten sie auch noch extra putzen.

*

Baumpilze ermächtigen sich abgestorbener Bäume
und schaffen sich damit wieder neue Lebensräume
für ihre einfachen, bescheidenen Lebensträume.

*

Weil sich Industrien unzureichend scherten,
wie ihre Abgase Umwelt und Klima störten,
folgten hohe Abgaben, die Länder begehrten.

*

Keine Ressource lässt sich vollständig aufarbeiten,
weil Teile von ihnen in Luft und Wasser gleiten.
Darum denke man an das Recycling bei Zeiten.

*

Zählt die alte Generation zu den Umwelt-Sauen,
die Kohlekraftwerke, statt Windkraft-Anlagen bauen,
mit Beschwichtigungen und Verlust an Vertrauen?

*

Die Umwelt prägt entscheidend unsere Gene.
Sie regelt den Wuchs unserer Protein-Strähne,
wie die Schiffs-Routen durch Lotsen-Kapitäne.

*

Eines weiß ich mittlerweile genau:
Der Mensch ist eine Umwelt-Sau,
trotz landwirtschaftlichem Anbau.

*

Stürmt es heftig an der Waterkant,
lieben Norddeutsche ihr Heimaltland,
geben die Segel nicht aus der Hand.

*

Sturm bis Wundstärke sieben
ist, was die Segler so lieben,
wären sonst an Land geblieben.

*

In den Fluten lauern viele Gefahren,
über die sich nur wenige im Klaren
und deshalb umgekommen waren!

*

Beim Autofahren gibt es große Unterschiede,
besonders bezüglich der üblen Stickoxide,
denn mit dem Tempo steigen sie rapide!

*

Regen ist ein Symbol der Fruchtbarkeit,

wenn er sich beschränkt mit seiner Zeit,

und er treibt´s mit den Fluten nicht zu weit.

*

Will der Mensch das Klima in den Griff bekommen,

sind ihm die Felle schon längst davon geschwommen,

denn er hätte sich von vornherein übernommen!

*

Klima-Mahner haben leichtes Reden,

denn es betrifft von uns doch jeden,

aber zu stark sind der Mächte Fäden!

*

Im guten Glauben begonnene Taten

können leicht außer Kontrolle geraten!

Da helfen weder Hacke noch Spaten!

*

Fährt man umweltbewusst mit der Regionalbahn,

kommt man überall sicher und oft pünktlich an,

wenn es auf den Straßen zu Staus kommen kann.

*

Tsunamis, Orkane, Regen, Gewitter
peinigen die Menschen oft so bitter,
als wären sie Schwarze Chaos-Ritter.

*

Wir stellen uns auf Pandemie, Kriege und Klima ein,
sollen bei schrumpfenden Ressourcen gelassen sein,
und demonstrieren jeden Freitag im „Future-Verein".

*

Ebbe und Flut, dem Atmen der Meere,
kommen nur Springfluten in die Quere.
Aber guter Deichbau verhindert die Misere.

*

Werden Frühlingstage noch mit Freuden empfangen,
wächst mit immer heißeren Sommern das Grauen,
lässt uns ängstlich betroffen in die Zukunft schauen.

*

Der Regen wäscht die staubige Luft,
aber keiner liebt die enge Regenkluft:
Für Viele bleibt er ein Wetter-Schuft.

*

Kommen die Vögel wieder geflogen,

zu uns aus dem fernen Süden gezogen,

erfreut sich das Herz der Ornithologen.

*

Erreicht das Wetter zwanzig Grad,

steht ein neuer Frühling schon parat,

und es ist wieder Zeit für die Aussaat.

*

Die Buhnen ragen weit in den Schlick,

zur Landgewinnung, Stück um Stück,

um wieder eines neuen Kooges Glück.

*

Möwen schreien durch den Wind,

wo sie in Dutzenden zu sehen sind,

und jede ausreichend Fische find´.

*

Ebbe und Flut, die unermüdliche Tide,

wird seit Ewigkeiten nimmer müde,

gestaltet Landschafts-Unterschiede.

*

Wenn du am Sandstrand schöne Muscheln findest,

wäre es schön, wenn du dich mit der Umwelt verbindest

und nicht das Meer mit Kalk-Verlust schindest.

*

In Fischernetzen ersticken die Schweinswale

und erleiden darin gar grausame Schicksale

zum Wohle manch kulinarischer Festmahle.

*

Je mehr wir uns mit Künstlichem befassen,

neigen wir dazu, die Natur links liegen zu lassen,

dabei verstehen wir sie noch unzureichender Maßen.

*

Atomreaktoren liefern zwar enorme Energie,

aber auch eine fragwürdig lange Deponie.

So bleibt Atomkraft ein Projekt der Ironie!

*

Bei Gewitter sollte man schleunigst Schutz aufsuchen,

zwar nicht unter Weiden, Pappeln, Eichen oder Buchen,

sondern sich auf die Sicherheit unter Faraday-Käfigen berufen.

*

Man könnte sich wieder mächtig aufregen,

weil die Bäume so viel Herbstlaub ablegen,

denn ich muss es fast täglich zusammenfegen!

*

Schon des Morgens zwitschern Vögel ganz ungestört,

schenken uns ihr abwechslungsreiches Frühkonzert

Das ist uns auch das Füttern über den Winter wert!

*

Willst du die Zapfen von Tanne und Fichte unterscheiden,

es sind die Tannenzapfen, die sich von Schuppen entkleiden,

während die Fichtenzapfen als Ganzes den Fall erleiden.

*

Wir Menschen merken doch schon seit vielen Jahren:

Wir müssen unsere Umwelt vor Ausbeutung bewahren!

Doch bisher erleben wir nur zahnlose Protest-Scharen.

*

Statt mehr zu investieren in unseren Planeten,

schicken wir zu Mond und Mars teure Raketen.

Haben wir das wirklich so extrem erbeten?!

*

XIV. SONSTIGES

Wie zeigte sich die Welt beileibe
so übersichtlich als bloße Scheibe.
Ich glaube, dass ich dabei bleibe.

*

Läuft mir eine schwarze Katze über den Weg,
denk ich: „Glück oder Pech?" und überleg:
„Ist doch völlig egal, bevor ich mich aufreg´!"

*

Vorm Fernseher beim Krimi vergisst man die Zeit.
Doch machen sich immer mehr Wiederholungen breit,
von den Sendern eine ganz schöne Verwegenheit!

*

Manch Hausbesitzer bemerkt bei einer Beschau,
feine Haarrisse, schaut er nur hinreichend genau.
Die verdankt er dem stillgelegten Untertagebau.

*

Brauchst du einen Sportwagen, der die Brust schwellen lässt,

eignen sich ausländische Fahrzeugmarken „at its best"

oder du hältst an den allseits bekannten Nobelmarken fest.

*

Benötigst du wieder neue Möbel,

besinne dich nicht nur deines Faibles:

Qualität ist das nachhaltigste Lable.

*

Schreckst du furchtsam vor Dauerregen zurück,

habe nur die rechte Schutz-Kleidung im Blick:

Saubere Regenluft schenkt ein Gefühl von Glück.

*

Wollt ihr mal wieder die Umwelt retten,

bleibt bis mittags in den Betten!

Dann reichen zwei Mahlzeiten - Wetten?

*

Aus Indonesien und Bangladesch

Kommt ein Großteil unserer Wäsch´,

aber nur Supermärkte machen Cash.

*

Läuft die Ebbe wieder einmal aufs Watt hinaus

und du kennst dich darin nicht extrem gut aus,

macht die frühe Flut dir über Priele ein Garaus.

*

Wenn ich mir einen Wunsch erfüllen will,

an der Alster, an der Elbe und an der Bill,

gehe ich auf die Reeperbahn zur roten Sibyll´.

*

Wer die allerschlaueste Frau der Welt kennt,

mit einem satten 228-Intelligenz-Quotient,

weiß, dass sie sich Marylin vos Savant nennt.

*

Und fragst du, wie der schlaueste Mann der Welt heißt,

der als armer Gedächtniskünstler durch die Welt reist,

dann wirst du hören, er sei schon gar lange vergreist.

*

Flimmert der Fernseher schon in der Früh´,

hat man mit seinem Tagesgeschäft alle Müh´,

denn es rückt oft verdrängt an die Peripherie.

*

Links oder rechts, beides ein verständliches Wort,

ganz anders als Backbord oder Steuerbord.

Aber Süd ist immer entgegengesetzt von Nord.

      *.

Willst du das fremde Leben wilder Tiere sehen,

musst du in einen zoologischen Garten gehen.

Das hilft, auch die bedrohte Wildnis zu verstehen.

      *

Heimisches Wild trifft man selten im Wald,

weil für ihr Gehör der Menschentritt schallt,

ja, menschliche Stimme kilometerweit hallt.

      *

Ein Obstbaum-Ast, der Wurzeln schlägt,

und nach Jahren reichlich Früchte trägt,

hat den Beweis für ein Wunder gelegt.

      *

Hoch ragen die Dolomiten empor,

geschaffen aus Magnesiummarmor,

wie auch viele Meerestiere zuvor.

      *

Kommt ein Zug von Nirgendwo

und verschwindet im Irgendwo,

ist´s der Geisterzug von sowieso.

*

Kommt ein Vogel zu dir geflogen,

direkt und ohne großen Bogen,

flüchte er oder ist krank, ungelogen!

*

Befindet sich ein liebes Tier in deinem Haus,

brauchst du einen speziellen Extra-Schmaus:

Kaufhäuser stellen davon ganze Regale aus.

*

Musst du mit deinem Hund Gassi gehen,

und das soll täglich dreimal geschehen,

wirst du des Öfteren Gleichgesinnte sehen.

*

Ein schönes Heim ohne Haustier

ist wie ein Bierseidel ohne Bier!

Nur Bier steht nicht lange vor dir!

*

Selten sieht man Hunde durch die Lüfte fliegen.

Aber das muss sicherlich an der Gegend liegen,

wo „Fliegende Hunde" nachts ihre Beute kriegen.

*

Geht ein Mädchen mit einem Dobermann spazieren,

kann auf der Straße oder im Park Unheil passieren,

wenn kleine Hunde den Dobermann nicht respektieren.

*

Im schönen Monat Mai,

besagt eine Blödelei,

sei April schon vorbei.

*

Auf dem Boden liegt noch so viel Gerümpel.

Dort aufzuräumen ist gar nicht mal so simpel:

Brauche ich noch die Fontäne für den Tümpel?!

*

Die Europäische Union ist ein gewichtiger Staatenbund,

mit Einfluss und einem weltweit bedeutsamen „Pfund".

Die Solidarität zu torpedieren: ein schändlicher Grund!

*

Das Radio-Wetter wird wieder präsentiert,

von einer Firma, die auf Kunden spekuliert

und deshalb Wetterberichte subventioniert.

*

Willst du dich von Werbungen befreien,

musst du schon laut ins Internet schreien,

denn sie bereiten hartnäckige Scherereien!

*

Dass man seine Probleme selber lösen müsse,

zeigt das Leben, aber auch nicht ohne Genüsse,

denn Nussknacker knacken wirklich nur Nüsse!

*

Lauscht du dem Gesang mystischer Sirenen

und folgest ihm noch mit unbändigem Sehnen,

so bist du gnaden- und hilflos ausgeliefert denen.

*

Ängste, die deinen Tageslauf säumen,

befreien sich unerbittlich in Träumen.

Dagegen kann sich keiner aufbäumen!

*

Liegt eine Katze schnurrend eingerollt,

hat sie ihre Streicheleinheit schon abgeholt

und ihre Ruhepause genau so gewollt.

*

Willst du dein Haus vor Flammenschützen,

kannst du Stein, Beton und Kalk benützen.

Allerdings schützt das nicht vor Blitzen!

*

 Seit dem es den nachhaltigen Holzschutz gibt,

werden auch Fachwerk-Häuser wieder beliebt,

in die sich mancher Hausbesitzer gar verliebt.

*

Fliegt eine Taube gen Süden,

bringt sie hoffentlich Frieden,

den die Völker bisher vermieden!

*

Neue Technologien sind wertfrei!

Erst ihre Nutzung ist nicht einerlei,

ob sie segensreich oder böse sei.

*

Das Leben ist ein ewiges Würfelspiel:

Mal gewinnt man, denn verliert man viel,

mal euphorisch, dann wieder instabil.

*

Große Geister, wie Vincent van Gogh, galten als verkracht,

große französische Literaten waren kaum mit Ehren bedacht,

worüber man heute bei Flaubert, Stendhal und Balzac lacht.

*

Rentner, umworben von Senioren-Residenzen,

können dort fern von ihrer Sippe schwänzen,

und lassen sich noch Wohlergehen kredenzen.

*

Ist es töricht, das Leben sehr ernst zu nehmen?

Sollte man sich seines Ernstes wegen schämen,

wenn einem rauschende Feste die Seele lähmen?!

*

Vor Weihnachten reißen die Spenden-Aufrufe nicht ab,

als ob ich für jede Organisation noch Geld übrig hab´.

Schade um die vergebliche Post in großem Maßstab!

*

Beim Einkaufen allerhand

mit diversem Punkte-Stand

und dem Karten-Aufwand!

*

E-Scooter sind auf sehr gefährlichem Trend,

weil keiner die Folgen auf den Straßen kennt,

die eine Kleinstfahrzeuge-Verordnung nennt!

*

Crowdfunding, die neue Finanzierungs-Methode,

wird plötzlich im Internet zur erfolgreichen Mode.

Aber sind die bezahlten Projekte gut oder marode!?

*

Auch edle Metalle sind angreifbar!

Mit überaus starken Säuren zwar,

aber darin lösen sie sich wunderbar!

*

„Sind Bio-Kunststoffe wirklich viel besser?",

argwöhnt die Industrie scharf wie ein Messer.

Weil Alternativen drohen, reagiert sie kesser!

*

Neue Produkte werden auf Märkte geschmissen,
von ihrem Recycling aber will man nichts wissen:
Statt Entwicklung bevorzugt man das Ruhekissen!

*

Additive Fertigung wird zum „Game Changer" erchoren!
Und schon ist wieder eine neue Technologie geboren!
Forschungsleiter spitzen aufmerksam ihre großen Ohren.

*

Wenn Hanau einmal über hunderttausend Einwohner hat,
bezeichnet sie sich nicht ohne Stolz als eine „Großstadt",
hat endlich die Zeit unterm Rettungsschirm gründlich satt.

*

Einst konnten die Geleitzüge in Seligenstadt frei passieren,
gelang es dem Leiter, den Riesenlöffel zum Mund zu führen,
um ihn dann in einem einzigen Zuge restlos zu konsumieren.

*

Sind die Straßen einmal eisesglatt:
Toll, wenn man Spikes-Reifen hat,
sonst ist die Kühlerhaube bald platt!

*

„Was nicht sein darf, das nicht sein kann!"
So rechtfertigt sich der argumentlose Mann
oder auch das Weib so dann und wann.

*

Bei anderen Gesteinsarten kommt´s schlimmer!
Die Teile des Granits aber vergisst du nimmer:
Es sind halt nur Feldspat, Quarz und Glimmer!

*

Versicherungen sind eifrig beim Geld-Kassieren
sowie bei Schilderungen, was kann passieren.
Im Eintrittsfall aber kann man die Geduld verlieren!

*

Wenn Freimaurer in ihre konspirative Loge gehen
und Sünder dem Pfarrer ihre Untaten gestehen,
sind es Geheimnisse, die sie gleichsam umwehen.

*

Fliegt ein Papagei in die Apotheke hinein,
und man hört ihn laut „Viagra" schrei´n,
muss der Sender sein altes Herrchen sein!

*

Wer will schon Anwalt eines Anwalts sein?

Denn da setzen unendliche Prozesse ein,

wie Bilder eines Spiegels in einem Spieglein.

*

Warum gibt es heute noch so viele Kriege?

Man weiß doch, es sind Pyrrhus-Siege,

die man heute bestenfalls zustande biege!

*

Das „Vereinte Europa" war ein schöner Traum,

Was ehrgeizig begonnen, man glaubt es kaum,

stößt an die Grenzen im Egomanen-Raum!

*

Da rasseln die Nationen mit ihren schweren Waffen,

aber gegen Cyber-Angriffe wurde nichts geschaffen.

Wann wird man militärische Cyber-Strategien raffen!?

*

Erscheint plötzlich unerwarteter Besuch,

greife schnell zu Schal und Taschentuch,

schimpfe, pruste und huste mit Fluch!

*

Dem einen bringt der starke Dauerregen
Wachstum für seinen Acker und Segen,
dem Touristen aber kommt er ungelegen!

*

Wie unterscheiden sich die Nadelbäume Tanne und Fichte?
Das sieht man unter anderem an den Zapfen bei Lichte:
Bei Tannen stehen, bei Fichten hängen sie ganz schlichte.

*

Die Märchen der Brüder Grimm
sind lehrreich, mitunter schlimm,
publiziert in des Volkes Stimm´.

*

Liegst du auf der Straße halb tot,
ist Kommunikation oberstes Gebot,
denn allerschnelle Hilfe tut not!

*

Auf Notfälle sei gut vorbereitet,
wie man sie optimal bestreitet,
damit im Ernstfall nichts entgleitet!

*

In Notfällen ist es wichtig, schnell zu melden!
Keiner wird dabei über Fehler groß schelten.
Du aber wirst zu einem vorbildlichen Helden!

*

Sie sollten grundsätzlich nicht wetten,
schon gar nicht gegen Geld oder Zigaretten,
selbst wenn Sie von beidem genug hätten!

*

Was sind Laubsauger für üble Geräte!
Sie zerstören Biotope und die Beete,
und der Lärm gleicht einer Orgelflöte.

*

Man hört von einem urigen Pommer,
er sei gar kein besonders Frommer,
und im Winter so müde, wie im Sommer.

*

Kennst du den ewigen Klatsch von Königs-Häusern?
„Sind Geburten in Aussicht?", „Kann man treu sein?"
Keiner von den Protagonisten gleicht den Kartäusern!

*

„Das Kreuz steht fest, während sich die Erde dreht",

der Wahlspruch, um den bei den Kartäusern geht,

ein Orden, der sich für Mönche und Nonnen versteht.

*

Wo liegt das gelobte Land, in dem alles sprießt,

in dem auch heute noch Milch und Honig fließt,

und in dem jeder Mensch seine Würde genießt?

*

Warnungen vor Pandemie sind kein bloßes Geschrei:

Zwar machen uns Maßregelungen eine Spur unfrei,

aber sie sind zwingend notwendig und nicht einerlei!

*

Während Epidemie und Pandemie stellt man Kontakte ein,

die Kommunikation untereinander läuft nur noch via online,

vor allem muss eine unbedingte Disziplin vorhanden sein!

*

Für den „Tommy" war der Deutsche „Der Kraut",

denn er hatte mit großen Augen zugeschaut,

wie der eine Haxe mit viel Sauerkraut verdaut.

*

Ich mag die Sonne, die Wärme, das Licht –
Orkane und Gewitter, die mag ich nicht,
weil damit so viel Unheil hereinbricht.

*

Falle ich einmal direkt auf den Bauch,
stehe ich nicht lange auf dem Schlauch.
Beim Fall auf den Rücken gilt das auch!

*

Was mir die Horoskope prognostizieren,
ist geradezu zum Schmunzeln und Amüsieren:
Ich soll mal wieder meine Frau verführen!?

*

Eine Pandemie lähmt die ganze Welt!
Jeder lebt, wie in einem isolierten Zelt,
weil das Gemeinschaftsleben ausfällt.

*

Eine Wanze auf der Mauer
erregt in Manchem Schauer,
doch nicht von langer Dauer.

*

„Was ist der Unterschied zwischen Braunbären und Blaubeeren?",

hörten die Schüler ihren Biologie-Lehrer eines Tages lehren,

denn er wollte mit dieser Irritation ihr Nachdenken erschweren.

*

Sobald im Herbst die Blätter fallen,

und die Schreie der Wildgänse hallen,

habe ich an der „Wein-Lese" Gefallen.

*

Kastanien zählen zu einer Stachelgilde,

fallen von ihrem Baum ganz milde,

platzend in ein weiches grasiges Gefilde.

*

Eine große Einkaufs-Stadt,

die zu wenige Toiletten hat,

setzen alte Leute bald matt.

*

Einkaufs-Bummel sind in einer schönen Stadt ideal,

verfügt sie vielerorts über ein öffentliches Urinal.

Wenn nicht, wäre es für die Stadt und mich fatal!

*

Was haben Hunde und Männer on Tour gemein?

Sie heben zwangsweise öfters mal ihr Bein!

Deshalb kann es nur ein Wald-Spaziergang sein!

*

Bemühst du mal einmal Service-Telefon,

schreit es dir entgegen wie blanker Hohn,

Minuten lang, mit gleichem melodiösem Ton.

*

Hat dich mal ein großer Ärger gepackt

und du bist in deiner Kneipe versackt:

Nimm´s leicht!- Morgen ist die Welt ebenso vertrackt!

*

Wenn einer klagt, er befände sich in der Vorhölle, im Limbus,

weil er einen stark rauchenden Ehepartner aushalten muss,

der nicht auf den Balkon geht, dann schafft das Verdruss.

*

Trau´ dich an neue Aufgaben heran!

Später ist das, was zögerlich begann,

vielleicht einmal der ganz große Run.

*

Das ist doch alles Wurst,

ob Leber- oder Teewurst,

beides macht den gleichen Durst!

*

Schau´ mal auf deine Armband-Uhr:

Von Pünktlichkeit keine Spur –

Dein Zeit-Management braucht ´ne Kur!

*

Ohne Helpdesk ist man aufgeschmissen,

das ist zwar sehr hinterlistig und gerissen,

sollte man aber besser schon vorher wissen!

*

Es nimmt der Augenblick, was Jahre gaben,

in denen wir geliebt, uns wohl gefühlt haben;

die Erinnerungen werden ich nicht begraben!

*

Stets warst du ein Teil von mir.

Jetzt sind die Sachen Souvenir,

denn du weilst in einem anderen Revier.

*

Schon mit Ende zwanzig

wird die Partnersuche ranzig,

denn keiner fand sich.

*

Heute wie gestern

sehen die Schwestern

wieder eine n Western.

*

Der „homo lyricus",

der immer dichten muss,

ist kaum ein Luftikus.

*

Was kümmert es die deutschen Eichen,

die hoch gewachsenen und edelholzreichen,

welch´ Säue sich in ihren Stämmen streichen!?

*

Die schön-nadeligen, immergrünen Eiben

können in Hecken dicht beisammen bleiben,

um ungebetene Gäste zu vertreiben.

*

Gute Menschen gleichen Sternen:

Mit ihren empathischen Gesinnungs-Kernen

Leuchten sie noch aus weiten Fernen.

*

Das Ambiente gilt als sehr gelungen,

im eleganten Kurort Bad Wildungen

mit seinen herrlichen Umgebungen.

*

Unverschämt wäre, ein kinderloses Ehepaar zu fragen:

„Was machen denn die Enkelkinder in diesen Tagen!"

Vielleicht fällt es ihnen nicht leicht, ihr Los zu ertragen.

*

Gemein wäre, einem älteren Fräulein zu raten,

noch etwas mit einem Lebenspartner zu warten:

Wer will schon abgestorbene Bäume im Garten?!

*

Wie viele Dohlen schießt du von der Leine?

Von den vielen Dohlen sicherlich nur die eine,

denn alle anderen machen schnell lange Beine!

*

Zehn kleine Negerlein,

standen auf einem Bein.

Eines fiel um. Da standen nur noch neun.

        *

Der verkleidete Monarch in des Volkes Gedränge

denkt bei sich als Unbekannter in dichter Menge:

„Wie fremdartig kuschelig ist dieses Eingezwänge!"

        *

Machen sich Menschen große Sorgen

um ihre eigene Zukunft und das Morgen,

fangen sie an, sich Vorräte zu besorgen.

        *

Über Befehle lässt sich nicht streiten,

denn sie gelten unmittelbar, nicht beizeiten,

und sollen die Umsetzung sofort einleiten!

        *

In einem orientalischen Einkaufs-Basar

umschwirren dich Händler ganz sonderbar,

denn jeder ist ein kleiner Verkäufer-Star.

        *

Willst du dich gegen all die vielen Viren schützen,

gegen die all die vielen Medikamente kaum nützen,

laufe auch bei Regen durch Matsch und Pfützen!

*

Selbstmord aus Verzweiflung bedarf der präventiven Hilfe,

so wie es einst Moses wiederfuhr aus dem Nil-Schilfe

oder die Geschwister Romulus und Remus durch die Wölfe.

*

Alle sagten: „Das kann doch nicht gehen!"

Dann aber machte es einer im Handumdrehen,

und all die anderen hatten das Nachsehen.

*

Erleben Kommunen einen Gewerbeverlust-Wandel,

leiden auch die Finanzierungen und der Handel,

denn sie werden zu Schlafstätten am Landes-Bandel.

*

Weihnachten verliert den Glanz der Heiligkeit,

in der verkrampften Periode der Pandemie-Zeit.

Hoffen wir auf ein neues Jahr in Gesundheit!

*

In kinderlosen Beziehungen

ist Emanzipation schon gelungen,

kaum aber in familiären Umgebungen.

*

Noch nie gab es eine Meereswelle,

die kurz verweilte auf der Stelle:

sie eilt und eilt auf die Schnelle!

*

Steht ein Haus in Flammen,

laufen alle schnell zusammen,

weil sie Unglück verdammen.

*

Biete stets deine Hilfe an,

mach dich an die Arbeit ran,

so man sie würdigen kann.

*

Wenn dir Glück wiederfährt,

ist es geteilt doppelt wert,

wie so manches Sprichwort lehrt.

*

Herstellung und Verlag:
BoD - Books on Demand, Norderstedt

ISBN 978-3-7526-8391-2